空港&飛行場の不思議と謎

風来堂 編
Furaido

実業之日本社

はじめに

様々な公共交通機関の中で、その詳細が一般に詳しく知られていないのが、航空ではないだろうか。バスや鉄道、船に比べると利用頻度が少ないこと、セキュリティが厳重で仕組みや制度の情報が、他の交通機関に比べてあまりオープンにされないことが、その理由といえる。

空港を利用するとき、預けた手荷物がどのように飛行機に積まれるのか、防犯や消火対策は万全なのか、気になることがたくさんあるだろう。管制塔から航空機への指示方法や、滑走路にまつわる設備の保守など、運行や管理のためのオペレーションも、意外に知られていない。

さらに、「そもそも、空港ってどうやって造られているの?」と疑問に思ったことはないだろうか。あの巨大な施設を計画立案して完成にいたるまでは、どんなに短くても数年以上かかってしまう。また建設に必要な条件は実に多い中、山岳や海上に河川敷といった地形的制約がある地に造られた空港も、日本国内には多数ある。その建設史をたどってみると、運用までの様々な課題をいかに解決していったかを、知ることができるだろう。

本書では航空分野のうち、主に空港・飛行場とそれに関連する内容に特化して、様々な切り口で「なぜ?」と感じる点を掘り下げている。日本国内には現在、97もの空港があり、そのそれぞれが独自のエピソードを持っているといっていい。

この本をきっかけに、空港への関心が増し、空の旅の玄関口に対し別の視点から興味を持ってもらえると嬉しい。空港には、知的好奇心を刺激する謎や不思議が、数多く隠されているはずだ。

風来堂

【目次】

第1章 航路・空港の基礎知識

第2章 航路・空港の納得&面白トリビア

第3章 日本のオンリーワン空港

第4章　運営&維持管理のスゴ技

第5章　知られざる建設&設備の裏側

装丁／杉本欣右
本文レイアウト／コンポーズ（濱井信作）
アイコン・イラスト／コンポーズ（山﨑かおる）
編集／風来堂（今田 洋・関 景介・稲葉美映子
平野貴大・今田 壮）
本文執筆／青柳智規・加藤桐子・川邊洋三
根岸真理

第1章

航路・空港の基礎知識

飛行場と空港の違いは？「空の玄関口」の定義とは

空港とは、航空機の発着に必要な施設を備えた陸上および海上の区域である飛行場のうち、主に「民間航空機」が使用する飛行場のことを指す。２００８（平成20）年に制定された「空港法」によると、「空港とは公共の用に供する飛行場」とある。つまり、公共用であるか否かが重要であり、飛行場であっても、自衛隊や米軍が使用する基地は、空港には含まれない。

空港を構成する無数の施設・設備群

では、空港と定義されるために必要な施設とは、どのようなものだろうか。

まず必要なのが、離着陸施設だ。特に重要なのが滑走路で、ジェット機であれば長さ２５００～３０００ｍ、幅45～60ｍは確保せねばならない。また、滑走路の前後と両脇に、障害物のない平坦地の着陸帯が必要。日本では、ジェット機が就航する空港では滑走路の中心線から両側150mずつ、長さは滑走路の距離に「過走帯《かそうたい》」という60mを加えた長方形の着陸帯が標準とされている。航空機を安全走行させる誘導路や、機体駐機用のエプロンも必須。このうちエプロンは、大型ジェット機やジャンボジェット機の機体に合わせ、1機あたり幅70m以上、奥ゆき190m以上が求められる。

空港の顔ともなる旅客施設には、出発および到着旅客を円滑に誘導する動線や、食事やショッピングといったサービスの提供など、さまざまな機能が求められる。加えて、空港へ旅客や貨物を運搬するアクセス交通施設も不可欠。そのため、空港と市街地は自動車用の道路や鉄道と結ばれ、大きな空港では直結する空港駅が設けられる場合もある。

旅客の乗降、貨物積み下ろし、燃料補給、機内清掃など、航空機が出発するまでの間には数々の作業が慌ただしく行われる。これらを正確かつ短時間で済ませるため、空港にはあらゆる特殊車両や特殊設備が配備されている。

さらには、管制塔などをはじめとした管理運用施設も。運行情報管理といったオペレーション業務、気象情報の提供、空港内施設の維持管理・保安業務など、多様な作業は裏方ではあるものの、多くの人員が配置され、空港運用の一翼を担っている。

管理者別に6種に分類される

2018（平成30）年4月現在、日本には、必要施設を備え空港法に則した97空港が指定されており、管理者別に次のように分類される。

- 空港会社が設置・管理する会社管理空港
- 国（国土交通大臣）が管理する国管理空港
- 国が設置し地方公共団体が管理する特定地方管理空港
- 地方公共団体が設置・管理する地方管理空港
- 前述のいずれにも属さないその他の空港
- 自衛隊が設置もしくは在日米軍が使用する飛行場で公共用として政令で定める共用空港

このうち、会社・国・特定地方の3つの管理空港は「拠点空港」に大別される。拠点空港とは、国際または国内航空輸送の拠点となる空港のことだ。

会社管理空港とは、新東京（成田）・中部・関西・大阪の4国際空港。各空港の特別法に基づいて、会社の事業として設置・運営されている。国管理空港とは、東京国際空港（羽

◉国内空港の種別と数

	種別	数	滑走路 2000m以上
拠点空港	会社管理空港 （会社が設置・管理）	4	4
	国管理空港 （国が設置・管理）	19	19
	特定地方管理空港 （国が設置・地方公共団体が管理）	5	5
	地方管理空港 （地方公共団体が設置・管理）	54	30
	その他の空港 （拠点・地方管理空港、公共用ヘリポート除く）	7	1
	共用空港 （自衛隊等が設置・管理する飛行場）	8	7
	合　計	97	66

※2018（平成30）年4月1日現在

田空港）のほか、政令で定められた空港が該当し、新千歳・仙台・福岡など比較的大規模な空港が多い。19空港が指定されている。

旭川・帯広・秋田・山形・山口宇部の5空港が該当するのが、特定地方管理空港。一方、地方管理空港は福島・富山・静岡など、地方都市のほか、三宅島・種子島・宮古など離島の空港も含まれ、54空港ある。

その他の空港に属するのは7拠点で、調布・名古屋・但馬《たじま》・岡南《こうなん》・天草・大分県央飛行場、八尾《やお》空港が該当する。これらは拠点空港と地方管理空港に属さず、また公共用ヘリポートもその他の空港からは除外される。共用空港は、札幌・三沢・岩国飛行場など8拠点。設置管理は、防衛省や在日米軍だ。

羽田空港（東京都大田区）

世界大戦や東京五輪など激動の20世紀を駆け抜けた日本初の空港

１９３１（昭和６）年、日本初の民間航空機専用空港として、東京飛行場が開場した。現在の羽田空港（正式名称は東京国際空港）のことである。

東京飛行場は当時増加していた、大陸や台湾への連絡・輸送のスピード強化を目的とし、都心にほど近い東京湾の干潟に造られた。

元はといえばこの地は、飛行適地として黎明期の飛行家たちが飛行練習をしていた場所でもあった。「日本のライト兄弟」と呼ばれた玉井兄弟が、日本飛行学校を開校した場所としても知られていた。

ちなみに、羽田空港という名前は、空港ができてから命名されたわけではなく、元からあった町名に由来したもの。東京飛行場建設予定地となった、東京府荏原《えばら》郡羽田町から付いたものだ。偶然とはいえ、〝羽〟田とは、空港を造る場所としてはこれ以上ないほどぴったりな土地名ではないだろうか。

1931（昭和6）年開場当時の様子。1938（昭和13）年に最初の拡張工事が行われ、延長800m幅80mの滑走路が整備された（写真：『羽田開港50年史』）

東京飛行場の総面積は、東京ドーム約11個分の53ヘクタール。300m×15mの滑走路が1本だけあるという、ただの平原に近いシンプルなものだった。当時は今のような無線通信もないため、管制塔も立っていなかった。飛行機とのやり取りは手旗信号で行われていたという。

第1便が発ったのは、1931（昭和6）年8月25日のこと。日本航空輸送の中国・大連行きで、アメリカ製の6人乗り飛行機だった。記念すべき初めての乗客となったのは人間ではなく、なんと6000匹の鈴虫と松虫。日本の秋の風情を、当時、大連に多く住んでいた日本人に届けようという趣旨だったようだ。

「ハネダエアベース」から「東京国際空港」へ

進駐軍により第2次世界大戦後、空港の名前は「ハネダエアベース」に改名される。接収にあたっては、近隣の住人の強制退去が行われた。立ち退きに与えられた時間はなんと、たったの48時間だったという。その後、空港は1952（昭和27）年に日本政府に返還され、現在の名称である「東京国際空港」と改名された。

そして翌1953（昭和28）年10月、第2次世界大戦後初の国際定期便が就航する。日本航空による、羽田〜アメリカ・サンフランシスコを結ぶ太平洋路線だ。途中で南鳥島の東南東1400㎞に位置するウェーキ島とハワイを経由する路線で、サンフランシスコ到着まで実に31時間を要した。なお、当初の運航はファーストクラスのみだったという。そのため運賃は650ドル（当時の為替レートで23万4000円）と高額で、日本人の一般客には手が出なかった。乗客のほとんどは、米軍およびその関係者だったそうだ。

翌1954（昭和29）年には、羽田〜那覇の沖縄線の運航を開始。当時はアメリカをはじめとした連合国軍の占領下であったため、国際線扱いとされた。

またこの頃は、空港の設備も充実の一途をたどった。1955（昭和30）年に、管制塔

羽田～サンフランシスコ間を結んだ日本初の国際線就航機「JAL DC-6B型機」。プロペラ機ながら巡航速度は時速450kmもあった（写真：日本空港ビルデング株式会社）

のある4階建ての本館と、チケットカウンターからなる新ターミナルビルがオープン。さらに1961（昭和36）年には、航空機の大型化に対応するため、A滑走路が3000mに延伸されている。

その後、航空技術は著しく進歩し、航空機もジェット機の時代へ。戦後の日本の目覚しい復興と経済成長を体現するかのように、滑走路をはじめとする空港施設の拡張が行われ、1964（昭和39）年から1971（昭和46）年にかけては、3本の滑走路を有する羽田空港の原形が整った。

また時期を同じくして、都心から空港までのアクセスも整備されている。1964（昭和39）年に浜松町を出発点とする東京モノ

派手に飾られたモノレールが浜松町〜羽田空港間をノンストップで結んだ。1964（昭和39）年9月に開通記念式典が浜松町駅で行われた

レール羽田線が開通し、大きな話題となった。モノレール誕生のきっかけは、東京オリンピック。一般利用客向けというだけでなく、海外から日本にやって来るゲストのアクセス路線としての狙いもあった。

だが運行距離13㎞、所要15分のモノレールは、運賃が250円もした。当時のタクシー初乗り料金100円と比べると2・5倍と割高で、東京オリンピックが終わると利用客の減少が顕著になり、一時は経営難に陥るほどであった。それでも、空港利用客が劇的に増加した70年代に入ると、都心部の交通渋滞激化も引き金となり「自動車より時間が読める」とメリットが浸透し始め、モノレールは空港利用者に定着していくのである。

一時的に国内線空港の時代も経験

1978（昭和53）年、羽田空港の運用に大きな影響をおよぼす出来事が起きる。新東京国際空港（以下、成田空港）の開港だ。成田空港開港に伴い、羽田空港の国際線業務は中華航空を除いて成田空港に移管された。その結果、羽田空港は、国内線空港としての時代を迎えることになる。

だが、空港の設備は滑走路の新設など拡大が続き、存在感を高めてゆく。1990年代の終わりには、新C滑走路、新B滑走路の供用を開始。さらに2010（平成22）年にD滑走路が完成し、滑走路は計4本に増強された。また、D滑走路とともに同年、国際線旅客ターミナルがオープン。これにより、32年ぶりに国際線定期便の運航が再開されることとなった。

今では日本の空の表玄関として、年間約8500万人が利用する世界屈指の大空港に成長した羽田空港。開港以来、第2次世界大戦、東京五輪、高度経済成長など時代の流れに大きく左右されながら、ここまで目まぐるしい変遷を遂げた空港は、国内ではほかに見当たらない。

数々の法整備や新空港建設を経て進化し続けてきた日本の空港史

では、日本の空港の全般的な歩みは、どのようなものだったのだろうか。

戦後の復興期においては、空港設備の拡充と同時に法整備も進み、１９５６（昭和31）年には空港の種別などを規定した、「空港整備法（現・空港法）」が制定された。その後、１９６７（昭和42）年に策定された「第一次空港整備五カ年計画」により、本腰を入れた政府主導の空港整備が進められていくことになる。急ピッチで地方空港の建設も進められていくことになり、３年間で全国の空港数は3倍にも増えている。

東京五輪が開催されたのが１９６４（昭和39）年。その前後の１９６０年代は、海外旅行が自由化されるなど、航空産業が花開いた時代。自由化により、これまでは業務や目的が留学に限られていた渡航が、観光目的でも可能となり、庶民にとっても外国がより身近なものになっていった。ビートルズがＪＡＬのハッピを着て羽田空港に降り立ったのも、ちょうどこの頃だ。

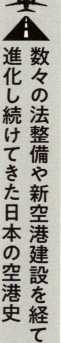

◉日本の主な空港史①（昭和）

1931（昭和6）年　8月	東京飛行場（現・羽田空港）開港
1947（昭和22）年 7月	羽田飛行場が国際化（ノースウエスト航空就航）
1951（昭和26）年10月	大阪・東京への民間航空路線が飛行をはじめ、 福岡空港開港
1953（昭和28）年10月	戦後初の国際定期路線が就航（日本航空から）
1956（昭和31）年 4月	空港整備法施行。空港を1～3種に分け、 国内空港の設置や管理方法などについて定めたれた
1958（昭和33）年 6月	在日米軍が東京国際空港（羽田空港）を全面返還
1959（昭和34）年 4月	羽田空港にジェット機便が初めて乗り入れる
1964（昭和39）年 4月	海外旅行自由化。海外渡航者が急増し、 地方空港のジェット化が進む
1964（昭和39）年 9月	浜松町～羽田間の東京モノレール開通
1967（昭和42）年 4月	第一次空港整備五カ年計画策定。 政府主導の下での本格的な空港整備が始まった
1970（昭和45）年 3月	羽田～板付（現・福岡）便で、 よど号ハイジャック事件が起こる
1970（昭和45）年 6月	航空機の強取等の処罰に関する法律施行。 ハイジャック行為への処罰を強化した
1972（昭和47）年 5月	沖縄返還とともに那覇空港開港
1973（昭和48）年12月	航空機騒音に係る環境基準が制定。 各都道府県知事が騒音レベルを定め、対策を行うこととなる
1975（昭和50）年 5月	長崎空港開港。世界初の海上空港
1978（昭和53）年 5月	新東京国際空港（現・成田国際空港）開港
1985（昭和60）年	ジェット機就航空港が全空港の3分の2に達する

※P23へ続く

従来の旅客機の2倍以上の大きさを誇るボーイング747型機に代表されるジェット機の出現も、低コストでの大量輸送を実現した。これらにより海外渡航者の増加に拍車をかけた。主要な地方空港は、従来の都市部から海岸部や山岳部に用地を求めて新たに整備し、ジェット化に対応していった。

ハイジャックを機に安全対策が進む

発展著しい航空産業だったが、1970年代に入ると法整備の問題点も浮き彫りになってくる。1970（昭和45）年には、赤軍派による「よど号」ハイジャック事件が発生。日本で初めてのハイジャック事件だったため、これを裁く法律がなく、国会ではその後わずか3カ月で通称「ハイジャック防止法」を施行している。

この法律ができたことで大きく変わったのは、なんといっても空港でのX線検査装置が導入されたことだろう。これにより、荷物のX線検査や、金属探知器による検査が義務付けられるなど、航空保安対策を強化した。それまでは保安検査はまったく行われておらず、あらゆる物が持ち込み放題という状態だった。今では、手荷物を開けずに検査できるCT

◉日本の主な空港史②（平成）

1994（平成6）年　4月	名古屋空港（現在の名古屋飛行場）で中華航空140便墜落事故。乗員乗客271人のうち264人が死亡
1994（平成6）年　9月	関西国際空港開港。日本初の24時間運用空港
2005（平成17）年 2月	中部国際空港（セントレア）開港。日本で初めて民間主導で建設された
2010（平成22）年10月	羽田空港で国際線旅客ターミナルと、全長2500mのD滑走路が完成
2010（平成22）年12月	成田国際空港A滑走路が初の全面運用
2011（平成23）年 3月	東日本大震災の津波により仙台空港が被災。近隣避難民も含め約1700人が孤立。5日後に全員救出
2018（平成30）年 4月	大阪国際（伊丹）空港が約50年ぶりにリニューアル。2020年グランドオープン予定

型手荷物検査機の導入も始まっていて、飛行機を取り巻く環境はますます安全で快適なものとなっている。

日本の新たな空の玄関として成田に国際空港が誕生

1978（昭和53）年には、閣議決定から12年の歳月を経てようやく、「新東京国際空港（現・成田国際空港）」が開港。国際空港は並行した滑走路を2本以上もつことが一般的だが、建設に関して周辺住民との紆余曲折があったため、国内最長である4000mの滑走路1本のみでのスタートとなった（29ページ参照）。

開港に伴い、羽田に就航していたほとんど

開港後、旅客機としては初の到着便となったDC-8型機。フランクフルト発でモスクワを経由して成田空港に到着した（写真：成田国際空港株式会社）

の国際便は、拠点を成田へ移すことに。その後、長らく日本の主要な国際空港としての位置を築いてきたが、２０１０（平成22）年の羽田空港の再国際化に伴い、現在はその役割を二分している。

現在、日本には大小１００近くの空港が点在しているが、海外からの観光客は増加の一途をたどり、今も空港を取り巻く環境は変化を続けている。また近年、空港は航空機の乗客以外の観光客も歓迎するべく施設やサービスを充実させており、飛行機の発着や夜景を楽しむ「空港デート」などが雑誌やテレビで特集されることも稀ではない。空港が、今後どのようにその姿と役割を変えてゆくのかが注目される。

完成までの道は山あり谷あり
地域を巻き込む建設プロジェクト

空港建設は、周辺地域に多大な影響を与える。メリットとしては、観光、雇用、生産など、地域経済に発展をもたらすことができる点。デメリットとして、航空機の離着陸が地域に騒音問題をもたらす可能性を孕んでおり、空港に関わる人や物の動きは地域社会の変化につながる可能性がある。そのため空港建設では、空港施設が機能を充分に発揮し、かつ地域へのマイナス効果を最小限に抑える計画が必要とされるのだ。

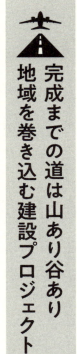

地元住民の熱意あっての構想・計画

空港建設では大きく、構想段階、計画段階、建設段階の3段階を踏む。

構想段階は、調査検討が主体となる。特に重要なのが航空需要の予測。日本では、国土交通省が国全体の将来的な航空需要を予測し、国内線・国際線の旅客・貨物について算定。それを基準に、新空港の具体的な予測値を算出する。また、路線別の旅客数から、就航する機体と便数も予測する。日本の場合、路線別旅客数が約5万人を超えればジェット機、30万人以上で中型ジェット機、50万人以上で大型ジェット機が就航するケースが多い。

構想段階での課題は、空港の位置条件や滑走路の長さなど、空港規模の選定だ。新空港建設では、航空路や周囲の飛行場の管制圏（飛行場とその周囲の空域）などを考慮しながらの、安全な離着陸経路の設定が求められる。さらに、周囲に市街地がなく最小限の民家数の移転で広大な建設用地が確保できること、道路整備などを含め新空港へのアクセスが1時間程度で可能なこと、自然環境への悪影響回避など、制約条件は厳しい。

構想段階を突破したら、次は計画段階に入る。構想段階での空港概略の決定を受け、計画案を策定する。計画段階では、空港の設置管理者（整備の事業主体）を定めることが第一。そのうえで、就航路線、便数などを予測し、各空港施設の規模を定める。施設基準を満たしつつ、機能・効率ともに適切な計画を練っていくのだ。

またこの段階では、地元住民などに計画を説明し、合意を得なければならない。航空法で定められた空港の設置手続きに則り、空港設置を一般に知らせる予定告示、周辺住民・関係市町村などの利害関係者の意見を聞く公聴会、空港設置の決定の告示などを経る。

これらに加えて、環境アセスメントも不可欠だ。空港建設が周辺環境にどのような影響を及ぼすのかを科学的・定量的に分析し、可能な限り環境への悪影響を避ける必要がある。空港建設に伴う生態系・水質などへの影響はもちろん、航空機運航に伴う騒音や大気汚染、テレビの受信障害など、分析は多岐にわたる。

海洋埋め立ては壮大かつ緻密な一大事業

3段階目の建設段階では、いよいよ現場の建設工事が実施される。計画段階で決定された空港整備基本計画（マスタープラン）に沿って、用地造成、滑走路などの土木施設、管制塔などの建築施設、航空保安施設など、諸施設を設計・建設するのだ。

前段階といえる調査・設計では、完成に至るまでの工事工程の作成に始まり、建設工法の検討、建設事業費算定などが行われる。早期完成やコスト削減は空港建設における大きな課題。空港技術者のアイデアが試される段階でもある。

そして実際の工事では、まず用地造成が先立って行われ、次いで滑走路の舗装、管制塔やターミナルビルなど諸施設の建設、道路・駐車場・造園工事などが並行して進む。

空港建設ではさまざまな建設技術がフル活用される。建設地は必ずしも平坦な空港適地ではないため、自然地形をいかに克服するかが重要だ。例えば、海上に空港を造る場合、埋め立て工事が必要となる。

造成は、①海底地盤の改良工事、②護岸工事、③埋め立て工事の順。①では、海底の地層である沖積層の水分を強制的に抜いて安定化させる。水分が多いまま進めると、建造物の過重で沈下が不均一になり、用地がいびつになってしまうためだ。その後、高波から埋め立て地の外周を守る、②の護岸工事に至る。護岸には、埋め立て地の保護と同時に、護岸斜面に藻場を造り、魚類の生息環境を生み出す役目もある。そして③では、護岸内に土砂を投入し、海が浅くなったところで順次埋め立てして陸地化していく。将来的な地盤沈下を防ぐためにも、仕上がり表面の起伏や沈下を観測し、均一に積み上げていかねばならない。埋め立ては壮大な工程であると同時に、非常に緻密な作業も要求されるのだ。

ところで、空港建設にかかる期間はどれくらいか。一例として、山岳地を切り開いて造られた広島空港を取り上げてみよう。1988（昭和63）年に用地造成を開始、1992（平成4）年から滑走路などの工事に着手、1993（平成5）年に完成・共用となった。5年間という建設期間は極めて短く、多くの空港はさらに長期間を要している。

激しい闘争から共存へ——開港までに12年かかった理由とは

成田空港（千葉県成田市）

１９７８（昭和53）年の開港以来、日本の玄関口であり続け、２０１７（平成29）年には航空旅客総数が10億人を突破した成田空港（正式名称、成田国際空港）。開港から40年以上が経ち、今や大空港として完成したかと思いきや、実はいまだ建設計画は完了していない。その理由は、成田空港がこれまで歩んできた、いばらの道とも呼べるその激動の歴史にある。

そもそもの始まりは、今から50年以上も前にさかのぼる。

池田勇人首相（当時）による「所得倍増計画」の掛け声の下、日本が高度経済成長への道をひた走っていた頃のこと。年々増大する一方の東京国際空港（以下、羽田空港）の発着容量が、近い将来限界に達するとの調査結果が出された。これを受ける形で、新たな空港の建設計画がスタートする。その白羽の矢が立ったのが、千葉県内陸部の農村地帯である成田だった。

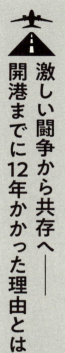

反対派が立て籠もり、1971（昭和46）年9月の強制代執行では激しい攻防が行われた駒井野砦（写真：成田国際空港株式会社）

大半の住民には「寝耳に水」新空港建設計画の発表

1965（昭和40）年、建設予定地に千葉県富里村《とみさと》（現・富里市）が内定する。即座に反対運動が起こり、農家ら3000人ほどが県庁舎へ突入する騒動が発生した。

これを受けた政府は、計画を変更。次に選定したのが、千葉県成田市三里塚周辺だった。翌年7月4日、政府は三里塚地区に「新東京国際空港」を建設することを閣議決定し、同月30日には「新東京国際空港公団」が発足。ちなみにこの三里塚には、皇室用の馬や家畜の飼育を行う御料牧場があったのだが、空港建設計画に伴い、栃木県塩谷郡に移転している。

政府による矢継ぎ早の決定は、ほとんどの住人にとって寝耳に水で、新聞を見て初めて自分の土地が空港予定地になったことを知った住人もいたというほど。交渉らしい交渉もほとんどないまま、半強制的に土地収用が行われるような形で進められた建設計画は、深刻な軋轢を生んでゆく。反発が出たのは、当然の結果だったともいえるかもしれない。

結果として閣議決定などを機に、三里塚芝山連合空港反対同盟、いわゆる「反対同盟」が結成される。この頃は、東大闘争などの学生運動が盛んで、新左翼が台頭していた。空港粉砕総決起集会には、初めて学生自治会の連合体「三派全学連」が参加することとなる。時間があるときには農作業を手伝うなど、学生らは地元農家から歓迎されたが、彼らの合流により、その後の運動は反権力・反体制闘争にその姿を変えてゆくこととなる。

開港直前に管制塔が占拠され破壊される

反対闘争では、武力による革命を訴える中核派やブント、社青同解放派などの活動家らが機動隊と激しく衝突。やぐらに立て籠ったりデモ行進を行い、火炎瓶も飛ぶことも珍し

A滑走路1本のみで運営していた開港当初の様子。用地内には手付かずの田畑なども見える（写真：成田国際空港株式会社）

くなかった。

時に死者を出した反対派の過激な活動は、都度ニュースで報じられたが、中でも大きく社会を驚かせたのが、開港予定日4日前の1978（昭和53）年3月26日に起きた「管制塔占拠事件」だった。当時、新東京国際空港の開港は世界中に発表されていて、大きな注目を浴びていたが、開港を阻止しようとした過激派の活動家らが管制塔に侵入し、ハンマーなどでレーダースコープなどの管制機器を2時間にわたって破壊したのだ。

これにより、開港は延期の憂き目に遭う。直後に新東京国際空港警備隊（118ページ参照）が設置され、継続的に反対派に対応していくこととなるが、同時に始まった空港へ入る際のセキュリティチェックは、2015(平成27)年まで行われていた。

そして事件から2カ月が経った5月20日、計画から実に12年の歳月をかけ、開港にこぎつけた。セレモニーはいっさいなく、開港式典は50人ほどの関係者のみが参加したささやかなものだった。翌日には、アメリカ・ロサンゼルス発の貨物便が着陸し、業務を開始。さらにその翌日、空港発の最初の旅客機としてサイパン・グアム行きの日航便が飛び立っている。

いまだに隣接して残る民家や神社も

難産の末、やっとオープンしたが、その後も過激派による散発的な破壊活動や反対運動は収まらなかった。

しかし、1990(平成2)年1月に行われた江藤運輸大臣(当時)と、反対同盟熱田派の農家との対話をきっかけに、成田空港問題を話し合いで解決する機運が高まる。1991(平成3)年には成田空港問題シンポジウムが開催され、後の成田空港問題円卓会議へと引き継がれていった。

成田での空港と地域の共生を探る協議は現在でも引き続き続けられており、いまだ完全な解決に至ったわけではない。現在も未買収の土地があり、空港の近隣にはなんと神社や民家が存在している。このため、B滑走路の誘導路は直線ではなく「へ」の字に曲がっているままだ。

日本の高度経済成長の時代を、良くも悪くも最もリアルに反映しているともいえる成田空港建設の歴史。開港は1つの達成ではあったが、その過程において強制的な事業推進を行い軋轢を生み出した点は、教訓として引き継がれている。それは、日本に限ったことではない。ドイツではミュンヘン空港の建設にあたり、成田闘争を大型公共事業における学ぶべき先例として参考にしたという。建設スケジュールは住人との合意を重視し慎重に進められた。

重い過去を背負いつつも、成田空港は近年、LCCの拠点化により国内線を大幅に拡大、年間発着枠30万回の実現などで利便性も飛躍的に向上した。商業施設としても成功を収め、空港施設のショッピングセンターとしての売上高は全国トップクラスに。2020年の東京オリンピックを機に、アジアの拠点空港となるべく、さらなる飛躍が期待されている。

航空券に組み込まれる空港税は空港施設を支える貴重な財源

空港税（エアポートタックス）とは、渡航者個人に対してかかる税金のことで、出入国税、空港施設利用料、税関使用料などの総称だ。空港利用者だけでなく、空港を利用する航空会社からも徴収されている。旅客ターミナルでは、ロビーはもちろん、移動にかかる施設、フライト情報システムなど、あらゆる施設を空港利用者は使用する。手荷物カートや案内サービスといった空港内サービスも利用することになるが、こうした施設やサービスを充実するために、空港税は用いられている。

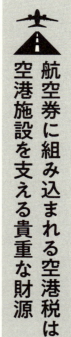

観光立国に向け新たな空港税も!?

旅行者の場合、航空券とは別にこの空港税を払う必要があるが、近年では、航空券の購入時にまとめて徴収されることが多い。そのため、空港税が単体で支払われるケースはほとんどない。我々のような空港利用者が普段、空港税をあまり意識しないのは、すでに航空券代に含まれていることによる。

空港税は、滞在または経由するすべての空港で支払う可能性がある。そのため、経由する空港が多くなるほど、トータル費用が高くなる傾向があるのだ。空港税は一律ではないため、空港によって支払う金額が異なる。例えば、日本の場合、羽田空港の空港税は国内線で大人290円、国際線出発で2570円、乗り継ぎで1280円だ。これが成田空港になると、国内線で440円、国際線第1・第2ターミナルは出発2090円、乗り継ぎで1050円かかる。また、成田空港ではこのほか、保安サービス料として520円が課されるのだ（2018（平成30）年11月現在）。

日本で特に空港税が高額なのは関西国際空港で、旅客サービス施設使用料と旅客保安サービス料を合わせた額は3000円を超える。

一方で、空港税を支払わなくていいケースもある。というのも、空港税はその国が独自の基準で定める税金。日本では出発と乗り継ぎの旅客のみ空港税を支払うが、乗り継ぎや乗り換え時間が極端に短い場合などでは、空港税を適用しない国や都市もある。また、子どもの場合、年齢によって空港税が免除されたり、大人の半額になったりというケースも少なくない。

ところで、わが国では2018（平成30）年の参議院本会議にて、「国際観光旅客税」という空港税が創設された。これは、日本が観光先進国の実現に向けた観光基盤の拡充・強化を図ることを目的とした財源確保のための税制で、船舶や航空会社がチケット代金に上乗せするなどの方法で、日本から出国する旅客から徴収する。徴収額は出国1回につき1000円だ。この税制は、2019（平成31）年1月7日以降の出国に対して適用されることになる。国際観光旅客税の使い道は、空港に限らない。トイレの洋式化や公共無線LANの設置といった都市インフラの整備はもちろん、大都市に集中しがちな外国人旅行者の地方誘致PRにも充てられるという。

また、空港税には含まれないが、航空機利用者からは「燃油サーチャージ」という料金も徴収されることになっている。これは昨今、原油価格が高騰したことによって新たに発生したものだ。高騰分の一部を、航空機利用者に負担してもらおうという料金である。燃油サーチャージの金額自体は非常に流動的に設定されている。同じ行き先でも、航空会社や発着日によって金額が異なり、航空会社によっては燃油サーチャージを徴収しないこともある。

大型国際空港は各地に点在なのに日本はハブ空港がない!?

ハブ空港を簡潔に定義すると、飛行機の乗り換えの中心となっている空港のことだ。電車やバスで言うところの、「ターミナル」のようなものである。「ハブ」とは、車輪の軸のことを意味する。例えば自転車の車輪を思い浮かべてみてほしい。軸となるハブを中心に、スポークが放射線状に多数、広がっている。このスポークが航空機の路線網に当たる。

ハブ空港のメリットは、効率の良い乗り継ぎができることだ。世界の航空網は大きく3グループあるが、それぞれの航空会社同士が共同運行便などのアライアンスを組み、利便性の高い乗り継ぎや座席確保の協力を行っている。

空港施設は充実もアクセスなどが難点

アジアの巨大ハブ空港といえば、シンガポールのチャンギ国際空港や、韓国の仁川《インチョン》国際空港が代表的。日本の代表的空港である、成田空港、羽田空港、関西国際空港、中部国際空港も、空港規模としてはアジアの巨大空港とそん色ないが、利便性では後塵を拝している。日本にハブ空港がないといわれるその理由は、まさにこの利便性にあるといえよう。チャンギ国際空港や仁川国際空港は24時間空港として運用されており、空港までのアクセスはよく、空港施設も充実している。乗り換え客などが時間を有効に使える工夫が随所に施されているのだ。

では、日本の各空港はどうだろうか。施設の充実ぶりは他国のハブ空港と比べても負けてはいない。だがその他の面では残念ながら、見劣りする部分がある。

成田空港の場合は、騒音防止のための離着陸制限時間があり、深夜帯の23時から早朝6時まで離着陸ができない。さらに大きな欠点ともいえるのが、都心からの交通アクセスの悪さだ。近年は、シャトルバスや特急電車が都心と空港を結んでいるが、まだまだアクセス至便とまでは至っていない。

羽田空港もハブ空港としては不足している。国際空港化の加速は著しいが、まだ国内空港としての役割が大きい。都心からのアクセスでは優れているのだが、国際空港としての利便性は追求しきれていないのが実態だ。ただ、24時間空港である羽田空港の国際空港としての注目度は高く、ハブ空港としての可能性は充分に秘めている。

中京地区の大型空港である中部国際空港は、まだ発展途上といえるだろう。中京地区の中心都市である名古屋から電車で約40分。国際線利用客はここ数年こそインバウンド重要で500万人を超えているが、過去10年で大幅な増加は示していない。

関西国際空港は現在、乗り入れするLCC（格安航空会社）の増加が見られ、アジア圏のハブ空港化が期待されている。関西国際空港では、欧州LCCハブ空港の成功事例をモデルに、宿泊・飲食など乗り継ぎ客のメリットとなるサービス展開の充実も視野に入れているようだ。一方で、新大阪から特急で50分余りなど、アクセス面では多少の改善の余地があると思われるが、アジア圏のLCC需要を取り込みながらのハブ空港化は進んでいるといえそうだ。

そもそも、大型空港が複数あるにも関わらず、日本がハブ空港化で遅れを取ったのはなぜなのだろうか。原因の1つは、航空行政の将来ビジョン不足といわれている。〝羽田空港は国内線、成田空港は国際線〟と国内・国際の分離を原則としてきたがために、国内線・国際線などの乗り換えがスムーズにできなくなったのである。ただ、海外から日本への旅行者の大幅な増加など、日本の空港がハブ空港化するための土台は固まりつつある。

第2章

航路・空港の納得&面白トリビア

全国の空港で1位に輝くのは!?
着陸数・利用客数ランキング

２０１７（平成29）年、世界の空港の利用客数ランキングで、アメリカ・アトランタ空港、中国・北京空港、アラブ首長国連邦・ドバイ空港に続き、世界第4位となったのが、なんと日本の東京国際空港（以下、羽田空港）だ。利用客数（暦年）は８５３０万３０１人。日本人だけでなく、海外からの旅行客も多数利用している。では、日本国内のランキングはどのようになっているのだろうか。

毎年、国土交通省から全国の空港の年間着陸数、利用客数が発表されている。２０１７（平成29）年度の着陸数第1位は、もちろん羽田空港。国内線は年間18万４１２９回、国内線＋国際線では22万６４４９回も羽田空港に着陸している。

全国で定期便が就航している空港は86カ所。中でも、羽田線の利用が最も多いという空港は40カ所にも及ぶ。当然、目的地となる羽田空港の利用客数も増えるというわけだ。

続く第2位は成田国際空港。ただしこれは、国内線と国際線の着陸数を合わせたものだ。

◉空港別着陸回数トップ10

順位	空港名	年間着陸回数	年間利用旅客数（人）
1	東京国際空港	226,449	85,679,637
2	成田国際空港	126,874	38,962,342
3	関西国際空港	94,140	28,710,449
4	福岡空港	89,261	23,979,222
5	那覇空港	83,214	21,161,683
6	新千歳空港	75,996	23,092,374
7	大阪国際空港	69,180	15,677,361
8	中部国際空港	50,486	11,523,157
9	鹿児島空港	33,618	5,686,693
10	仙台空港	26,405	3,439,239

※2017（平成29）年度（出典：国土交通省「空港管理状況」）

◉空港別着陸回数ボトム10

順位	空港名	年間着陸回数	年間利用旅客数（人）
1	波照間空港	14	未公開（定期便無し）
2	伊江島空港	37	未公開（定期便無し）
3	小値賀空港	69	未公開（定期便無し）
4	上五島空港	87	未公開（定期便無し）
5	佐渡空港	131	未公開（定期便無し）
6	慶良間空港	150	490
7	下地島空港	243	未公開（定期便無し）
8	奥尻空港	356	10,914
9	紋別空港	386	490
10	北大東空港	400	19,303

※2017（平成29）年度（出典：国土交通省「空港管理状況」）

成田国際空港は、国際線のみの比較ならば羽田空港や関西国際空港を抑えて1位となる。しかし、国内線のみの比較では8位と順位が落ちる。ちなみに、羽田空港は国際線のみでは3位。首都圏における国内線と国際線の運航で、羽田空港と成田国際空港は結果的に機能を分担しているのがわかる。1978（昭和53）年5月に新東京国際空港（現・成田国際空港）が完成すると、羽田空港に就航していた国際線は、成田へと移管された。これにより羽田空港は国内線中心の空港となった。2010（平成22）年には羽田空港は再国際化されたが、国際線のみに関しては、今も成田国際空港の方が利用客数は多い。

成田国際空港は、2002（平成14）年にB滑走路が供用を開始。これにより、利用客数が大幅に増加した。着陸回数、利用客数ともに次第に増え、2012（平成24）年からは6年連続で、発着回数の最高値を更新している。2017（平成29）年度には利用客数が初めて4000万人を突破し、4093万9895人となった。

反対に着陸数最下位は、ヘリポートを除くと、沖縄県の波照間《はてるま》空港となる。年間着陸数はたったの14回だ。2008（平成20）年の定期便廃止後、第一航空による石垣―波照間便が計画されていたが、パイロットの訓練遅れ、第一航空の沖縄からの撤退などにより、先行き不透明に。波照間空港の年間着陸数の14回は、緊急輸送などのものだと考えられる。

2016(平成28)~2017(平成29)年は空港黄金期

続いて、各空港の利用客数を2016(平成28)年度と2017(平成29)年度で比較してみよう。この年は、全国のほとんどの空港が利用客数を増やしている。そのため、大きな順位の変動もなく、第1位~10位までは同じ顔ぶれだ。だが、利用客数の上昇には目を見張るものがあり、例えば、両年とも1位の羽田空港は、2016年度が8173万5366人、翌年度は8567万9637人と、約400万人も利用客数が増加。成田国際空港は3724万9971人から約170万人増の3896万2342人。全国の空港を合わせると、約1800万人近く前年度より多くなっている。

そんな中、利用客数が減少した数少ない空港の1つが富山空港だ。2008(平成20)年度には富山空港で飛行機を使用した人は100万人を超えていたが、次第に減少。2014(平成26)年度には98万6938人を数えて一時盛り返しの兆しを見せたが、再び3年連続減となっている。2017年度の利用客数は56万3672人。これにはやはり、2015(平成27)年に金沢まで開通した北陸新幹線が大きく影響しているのだろう。

利用客数ランキング第3位の関西国際空港に次いで、国管理空港の福岡空港、新千歳空港、那覇空港が続く。利用客数では新千歳空港の方が那覇空港より約200万人多いが、着陸回数ランキングでは那覇空港の方が上回っている。那覇空港は2016年度に初めて着陸回数が8万回を越え、8万3189回。翌年度も微増ながら8万3214回を数えている。滑走路2本の新千歳空港に対し、那覇空港は滑走路が1本しかない。それでありながら着陸回数は約7200回も多いという。その状況を改善し、さらに離着陸回数を増やすために、2020年3月には那覇空港に第2滑走路がオープンする予定だ。

空港が民営化すると利用客数が増える!?

福岡空港は2018（平成30）年11月より、空港ビル施設を管理運営する会社を子会社化し、さらに2019年4月より滑走路を含め完全民営化する計画が進行中だ。実現すれば、国管理空港が民営化されるのは、仙台空港、高松空港に続き3カ所目となる。いち早く、2016（平成28）年7月より民営化した仙台空港は、その年の利用客数が前年度比1・6％増の約316万人、民営化1周年を迎えた2017（平成29）年度は前年度比

成田国際空港では10～11時台と18～19時台に出発便がピークを迎える。誘導路は離陸待ちの航空機でいっぱいになることも（写真：成田国際空港株式会社）

9・6％増の約343万人を数え、開港以来最多となった。

全国的に外国人旅行客数が増加傾向にはあるが、仙台空港は民営化から2年で利用客数増加に加え、2017年度は約6700万円の黒字を達成した。格安航空会社（LCC）の誘致に力を入れ、スカイマークの神戸線再開、ピーチ・アビエーションの札幌線、台北線の新規就航などが結果として表れたといえるだろう。

民営化により、いままで着陸料などの使用料を国がほぼ一律で決定していたのを、空席数による割引制度を導入するなど空港独自で決定することで、新規路線の開拓につながったのは間違いない。

羽田空港の滑走路の下には世界一の飛行機が眠っている!?

2013（平成25）年8月、羽田空港の駐機場新設工事現場で、ショベルカーで旧整備地区の草地を掘り返していたところ、土中から戦時中のものと見られる航空機の残骸が見つかった。埋まっていたのはエンジンやプロペラの一部。旧日本軍の輸送機と見られ、脚部らしき部分にあったプレートには、「D二号輸送機」という刻印が入っていた。

なぜ、軍用機が羽田空港の地下から見つかるのだろうか？　それは戦時中、空港の一部が旧日本軍に使用されていたため。終戦後、GHQに空港が接収された際、そこに残されていた武器や飛行機などが廃棄処分となり、土中へと埋められたのだ。

こうして、いまだ多くの飛行機などが埋まっているとされる羽田空港の地下だが、その中にはなんと、「世界一の飛行機」も含まれているのだという。戦前、無着陸周回航続距離の世界記録を樹立した、日本航空史に残る機体が、今も羽田空港に隠れているというのだ。

革新的な飛行機を製作したのは小さな町工場

今から90年ほど前の1927（昭和2）年5月、リンドバーグがニューヨークとパリ間の無着陸飛行を3時間29分で達成。これを機に、先進国は航空技術の競争時代に突入し、航続距離の世界記録を狙った飛行が盛んに行われるようになっていた。

その動向に歩調を合わせ、東京帝国大学（現・東京大学）航空研究所は、1933（昭和8）年から周回航続飛行距離の新記録樹立を目指し、独自の飛行機の試作を開始する。その製作に名乗りを上げたのは、初の国産量産機「神風」の製作実績を持っていた東京瓦《ガ》斯《ス》電気工業株式会社。「ガス電」と呼ばれ親しまれていたこの会社、実は、トラックで有名な現在の日野自動車の前身でもあるのだが、当時はまだ工員が20数名の小さな町工場だった。

東京・大森での6年におよぶ製作過程においては、世界記録樹立のため試行錯誤を繰り返し、様々な工夫が凝らされた。中でも、一番の特徴となったのは、そのコックピットだろう。風の抵抗を極力抑えるため、操縦席は離着陸などの必要な時だけ風防を立てて上半身を乗り出す構造で、飛行中は胴体内部に折り畳むというものだった。これは、今ではちょっと考えられない造り。水平飛行中は前方がまったく見えないため、離着陸時以外、パイロットは機体左右の窓を見ながら操縦したという。

ほかにも、空気抵抗を極力減らすため、脚となる両輪を機体に収納する完全引き込み式を採用。胴体には、突起部分がない枕頭鋲《ちんとうびょう》が使用されている。

そして、気になるその外観は、主翼の大部分が真っ赤だった。「真紅の翼」とも呼ばれたこの主翼だが、別に奇をてらっていたわけではなく、不時着した際に発見しやすいようにという、極めて実用的な理由によるものだった。

当初、この飛行機は「航空研究所試作長距離機」などと呼ばれていたのだが、新聞などで「航研機《こうけんき》」と書かれるうち、いつの間にか、それが名称として定着するようになった。

世界記録を達成した日本で唯一の飛行機

さて、世界記録への挑戦はどのようなものだったのか。

それは関東の3地点を周回する形で行われた。木更津飛行場を離陸後、まず千葉県銚子

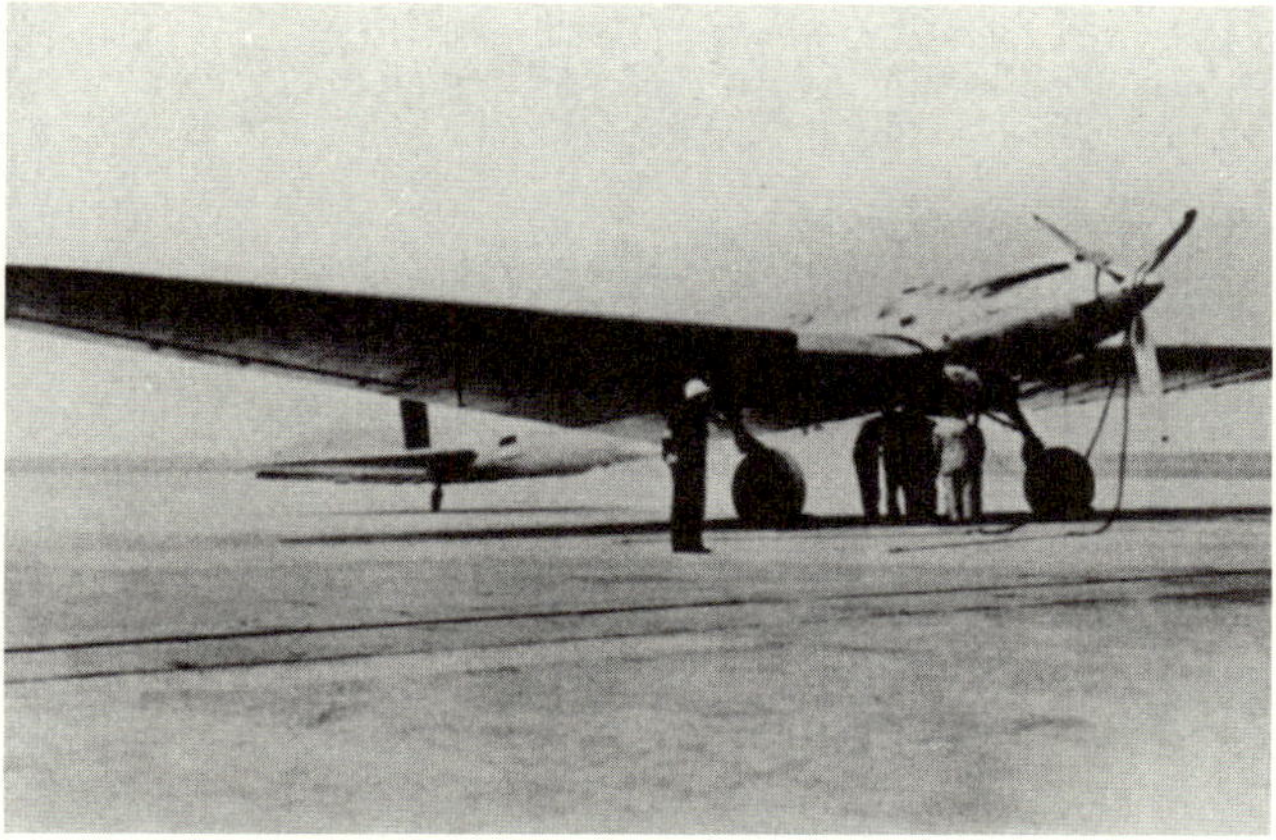

一躍、日本の航空技術の高さを象徴する存在となった航研機は、1939（昭和14）年にはその姿が描かれた郵便切手も発行された

の犬吠埼《いぬぼうさき》灯台を回り、次いで、群馬県太田の中島飛行機本館上空で左旋回、さらに神奈川県平塚の航空灯台を周り、再び銚子へ。1周401・749kmの大きな三角形を描くように飛行した。軽量化のため無線機はなく、各周回地点には白い布を貼った板が目印として設置され、夜間は発煙信号が焚かれた。1938（昭和13）年5月15日の午後7時18分、航研機はこのコースを29周した後に、木更津飛行場に帰着。滞空時間62時間22分49秒という世界記録を樹立したのだった。

当時、国際航空連盟が公認した世界記録には、速度、高度、周回距離、直線距離があったのだが、航研機は無着陸周回航続距離、そして時速1万kmの平均速度という2つの世界記録を同時に樹立する快挙を達成。日本の飛行機で、公認の世界記録を樹立したのは、戦前・戦後を通じて、この航研機だけ。日本人が航空の分野で世界記録を樹立したのは初めてのことだった。

こうして戦前、世界に名を馳せた日本の航空技術だったが、終戦後、GHQにより航空機の研究・設計・製造が全面禁止となり、関連資料はすべて没収。飛行機は一部が接収されたほかはすべて破壊されてしまった。記録達成後、羽田で留め置かれ保存されていた航研機は、進駐軍により軍用機とみなされたため廃棄解体処分となり、スクラップは飛行場内にあった鴨池に投棄されたという。この鴨池とは、現在は滑走路となっている場所で、航研機の機体は、地下4mほどの場所に埋もれていると考えられている。

後年、航研機が時代の経過とともに忘れ去られることを惜しんだ人々により、その偉業を後世に伝えようと、復元プロジェクトが発足。2003（平成15）年には、実寸サイズのレプリカが完成した。在りし日の「真紅の翼」を広げた雄姿は、現在、青森県にある三沢航空科学館に展示されている。

現在、日本で最大の発着数を誇り、国内・海外問わず航空機がせわしなく離発着を繰り返す羽田空港。その滑走路で発掘の機会が訪れる日は来るのだろうか。

寿司にアザラシに目玉おやじまで!! ターンテーブルで荷物以外も回る

香川県高松空港のさぬきうどん、北海道旭川空港のアザラシやペンギン、岡山県岡山空港の桃太郎……。これらは何かというと、手荷物受取所でなぜか荷物よりも先に、ベルトコンベヤーを流れてくるオブジェたちだ。

こうしたターンテーブルのオブジェは、地方空港を中心に多数見られ、地域の特産品や観光名物などのＰＲに一役買っている。

始まりは巨大な回転寿司だった？

２００７（平成19）年5月、大分空港の手荷物受取所のターンテーブルに、巨大なエビの握り寿司とウニの軍艦巻きが現れた。初めて見た利用客は驚いたことだろう。実は、この大分空港の寿司が、ターンテーブルオブジェの先駆けといわれている。

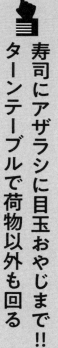

「ツーリズムおおいた」という大分県の観光振興団体が、ターンテーブルのベルトコンベヤーを回転寿司のレーンに見立て、寿司を流すことを発案。大分県佐伯《さいき》市のウニと姫島のクルマエビをPRした。大きさは直径約75㎝、高さは25～30㎝、重さは約25㎏。かなり巨大な寿司だ。ウレタン樹脂製で、制作費は1種類につきおよそ20万円。現在はマグロの寿司なども流れている。実際に目撃した人にはかなりのインパクトだったようで、次々とSNSなどで拡散され、広く全国の人々に知られるようになった。名産のPRとして成功だったのかどうかは定かではないが、全国から注目を浴びたことは間違いない。

最新型オブジェはリアルすぎ!?

大分空港を皮切りに、ほかの地方空港でも同様の取り組みが見られるようになる。同じ九州の宮崎空港は、流れて来る名産オブジェの種類が豊富だ。いずれも宮崎県の名産品で、宮崎牛やマンゴー、カボチャ、ピーマン、日向夏、キンカンなどの農産物がターンテーブルを回っている。また、「米子鬼太郎空港」の愛称がある美保《みほ》飛行場（米子空港）では、名産品とはちょっと違うが、マンガ『ゲゲゲの鬼太郎』のキャラクター「目玉おやじ」が、

レーンで回る姿はまるで回転寿司さながら。ネタのツヤも見事に再現された大分空港のウニの軍艦巻き

「きびだんご、ひとつ食べる？」。ターンテーブル上をどんぶらこと流れてくる岡山空港の公式キャラ・ももたろう

スーツケースから飛び出し、訪れた観光客を出迎えている。

こうしたオブジェは、リアルでありながらも人目につきやすいように巨大に作られているものがほとんどだ。しかし、２０１８（平成30）年5月に山形空港に登場したターンテーブルオブジェは一味違う。

初夏の山形空港、ターンテーブルに乗っていたのは、今まさに旬を迎えようとしているサクランボ。コンテナに入った収穫したてのものと、化粧箱に入れられたものが流れている。一粒一粒に光沢があり、見た人たちはおいしそうと思いながらも、「なぜサクランボが流れているの？」と疑問に感じたのだとか。

実はこれ、すべて樹脂粘土製。非常にリアルに作られたオブジェなのだ。制作したのは東北芸術工科大学の有志の学生たち。リアリティーを求めて、一つ一つ手作りで約５００個のサクランボを制作したのだという。手荷物受取所でそのオブジェを見かけた人たちは、「本当に食べられないの⁉」と驚きとともに笑顔を浮かべていた。

残念ながら、サクランボオブジェは２０１８年7月までの期間限定。しかし２０１９年も新たに制作、公開する予定があるとか。そして今後も、芋煮や樹氷などのターンテーブルオブジェも企画しているとのことだ。

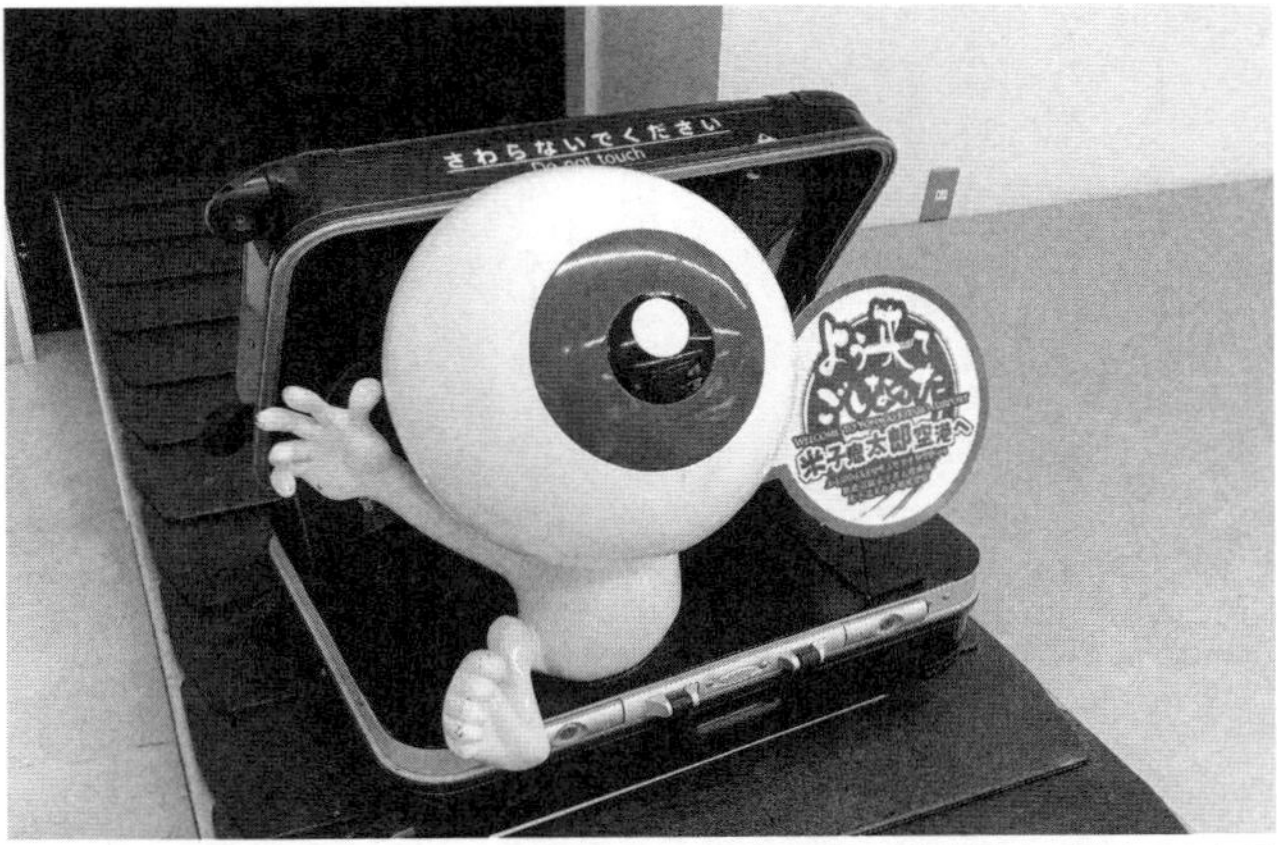

米子空港内では、目玉おやじをはじめ『ゲゲゲの鬼太郎』の妖怪たちがあちこちに見られる（©水木プロ）

山形空港のサクランボは500個すべてが手作りで、よく見ると一粒ごとに形が異なる。柄の部分は綿棒でくぼませて再現するなど芸が細かい

もっと人気者になりたい！
全国の空港ゆるキャラ大集合

全国のゆるキャラの人気を競い合う「ゆるキャラグランプリ」。２０１７（平成29）年大会でグランプリに輝いた「うなりくん」は、飛行機と成田市名産のうなぎをモチーフにした、成田国際空港のマスコットキャラクターと思われがちだが、実は違う。うなりくんは成田市の観光キャラクターであり、成田国際空港にもマスコットキャラクターはちゃんといる。

その名は「クウタン」。頭にゴーグル、首にはマフラーを巻いたヒーロー見習いで、成田国際空港の民営化1周年を記念して、２００５（平成17）年に誕生した。しかし現在、成田国際空港の公式ＨＰを見ても、クウタンを紹介するページはどこにもない。うなりくんの人気がアップするにつれクウタンの影が薄れてしまい、いつしかクウタンのページもなくなってしまったのだ。なんとも残念な話だ。公式マスコットキャラクターとして、ぜひ公式ＨＰへの復活を期待したい。

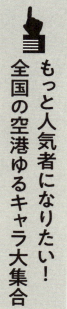

青森空港

ひこりん

名前の「りん」は「青森〝りんご〟」から。
空港に来る飛行機を凝視している
（写真：青森空港ビル株式会社）

関西国際空港
伊丹空港
神戸空港

そらやん

関西3空港の公式キャラクター。口癖は「〜やん」。
お気に入りのスカーフを集めている
（写真：©Kansaiairpots_SORAYAN）

広島空港

ソラミィ

滑走路をイメージした青いボディースーツをまとい、
背中のジェットで空を飛ぶ。天気図も読める

成田国際空港

クウタン

熱いハートを持ち、
常にやる気満々なヒーロー見習い
（写真：成田国際空港株式会社）

徐々に人気上昇中の出世ゆるキャラたち

空港ゆるキャラは、ほかの自治体ゆるキャラに比べて影が薄いのか、ゆるキャラグランプリではあまり順位が振るわない。しかしそれでも、青森空港の「ひこりん」や花巻空港の「はなっぴー」は年々順位を上げていて、2017（平成29）年大会では、はなっぴーは1157体中116位にまでなった。

また、2014（平成26）年に誕生し、ゆるキャラグランプリでさっそく269位の健闘を見せた、大阪国際空港（伊丹《いたみ》空港）のキャラクター「そらやん」が、癒し系でかわいいと人気急上昇中だ。赤い頬にほんわりとした笑顔、パイロット風の帽子とキャビンアテンダントのようなスカーフを身に着けた飛行機で、いつか空を飛びたいと思っている。

実はそらやんには元々、目標とする先輩キャラがいた。関西国際空港のマスコットで、地球儀をモチーフにした「カンクン」が憧れだったが、そのカンクンは2018（平成30）年3月30日から海外研修中。その後はなんと、そらやんが関西国際空港・大阪国際空港・神戸空港の関西3空港すべてのマスコットキャラクターに就任するという、大出世を遂げることになるのだった。

徳島空港
うずぴー

鳴門の渦をほうふつとさせる前髪がキュート。趣味は空港でかくれんぼをすること。もちろん阿波おどりも踊れる

大分空港
マーシャルくん

「いつかきっと飛べる」という夢を持ち続けながら、日々、大分空港内でお手伝いをしているペンギン

モチーフは飛行機だけじゃない？

各空港のゆるキャラたちの多くが、飛行機や滑走路をモチーフにしている。例えば、広島空港の「ソラミィ」や高松空港の「たかポー」などだ。

そして、もう1つの傾向が、徳島飛行場（徳島阿波おどり空港）の「うずぴー」や松山空港の「まっくう」、小松空港の「こまQ」などのように、飛行機と地元の名産や観光名所などを組み合わせたもの。空港とともに名産品をPRするという、理に叶ったゆるキャラだ。

そんな中、飛行機などとは逆の発想で、「飛べない鳥」がモチーフとなっているキャラクターがいる。

大分空港の「マーシャルくん」はペンギンの姿をしている。空を飛ぶ夢を抱きながら、誘導（マーシャリング）するのが仕事だ。ヘルメットをかぶり、両手（両羽）にパドルを持ったマーシャルくんのイラストは、大分空港のいたるところで見られる。例えば、空港入口では、大きなマーシャルくんのぬいぐるみが、ホテルのドアマンのようにお出迎えしている。

航路上に隠れたキラキラネーム！空の交差点「ウェイポイント」

陸路に道路があるように、空路にもそれにあたる「航空路」がある。計器飛行方式（目視と計器を併用する方式）を採用しているほとんどの定期便は、航空路に沿って運航するようになっている。万一、航空機同士が接触したり接近してしまうと、即、重大事故になってしまう危険がある。陸上と違って地形的制限がないこともあり、経路遵守が安全な飛行にとって重要度が高い。そして、道路における二つの道が交わる、いわゆる「交差点」にあたるものも、航空路に存在する。

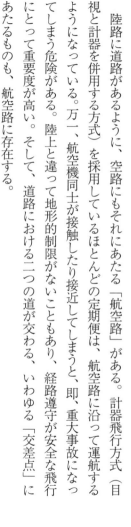

アルファベット5文字ならなんでもあり

正確には、ウェイポイントは交差点というよりもチェックポイント的な意味合いが強い。航路は道路と違い運行する飛行機が集中することはなく、そもそも航空機は航路上に停車するのは不可能だ。なのでウェイポイントは、離陸後、決められた航空路を通って、目的地の空港に着陸するまでの経路を正しくとるための目印なのだ。各方面からの飛行機が密集する恐れのある大都市の空港では、空港近くの特定のウェイポイントを経由してから進入したり飛び立ったりするように、指定されている場合もある。

ウェイポイントの名称は、国際基準で「アルファベット5文字」と決められている。首都圏の航空地図を見てみると、「OMIYA（大宮）」「SOUKA（草加）」「TAKAO（高尾）」という文字がすぐ見つかる。

もちろん、5文字で収まらない地名も多数あるので、略称も多い。例えば、神奈川県の三浦半島沖にあるウェイポイントは「JYOGA」。これは、半島先端に浮かぶ城ヶ島のことだろう。成田空港のすぐ北には「RYUGA」。多少、地理に詳しい人なら、茨城県龍ケ崎市を短縮したものだ、とすぐわかるはず。逆に文字数が足らないパターンでは「YONOH」。大宮のすぐ南にあるので、正解は与野だ。

このように、ウェイポイントは地名がベースになった命名が大半だが、実はアルファベット5文字なら、どんな名前をつけてもいい。世界中に同名が存在していなければ、なんでもありなのだ。

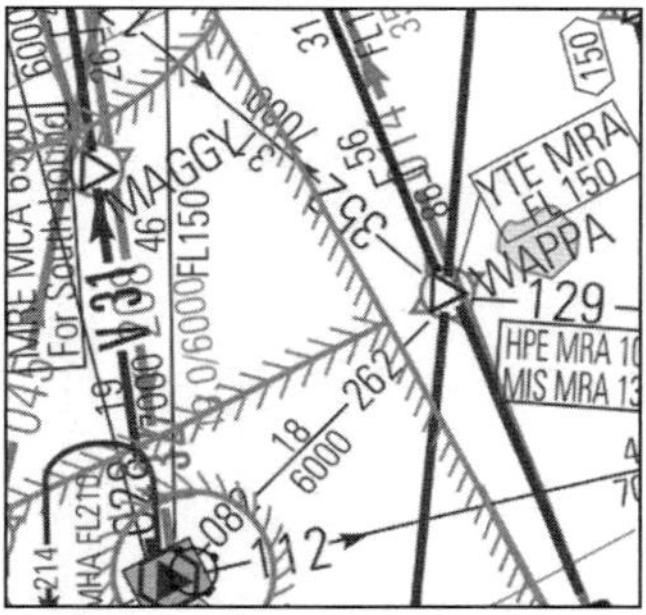

秋田名物の曲げわっぱは、「MAGGY」と「WAPPA」の合わせ技で

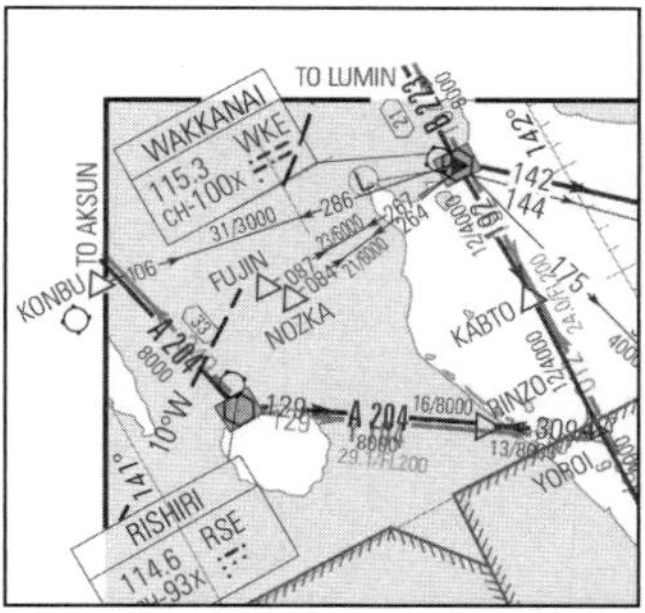

北海道の稚内付近。「RINZO」は間宮林蔵。利尻島の真上には「KONBU」がある

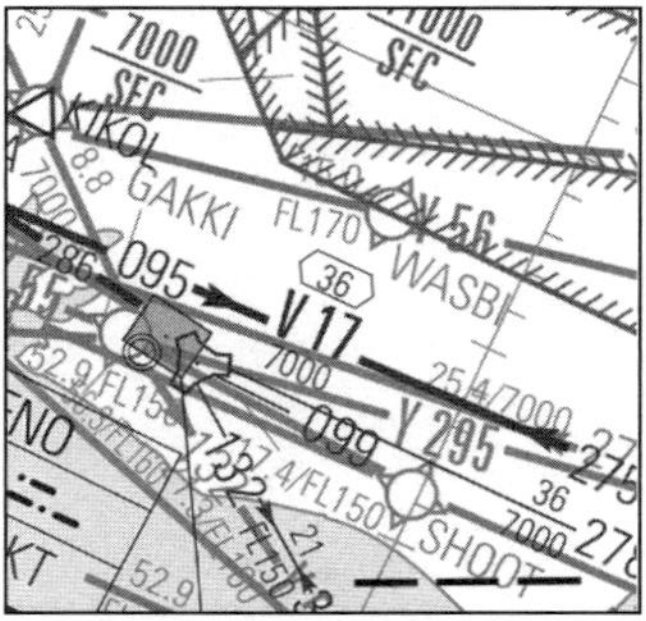

静岡県西部。「GAKKI」はヤマハのある浜松、「SHOOT」はサッカーの盛んな磐田

仙台空港の西方には「ZUNDA」があるが、直接つながってはいない

画像：AIS JAPAN

連チャン名の傑作が玄界灘にあり

地名とは関係のないウェイポイント名には、思わず「これホント?」と目を疑ってしまいそうなものも結構ある。だが、いずれも公式に認められたものとして、実際に使用されている。

その地域の名産品や名物だったり、歴史と関連していたり、それなりに由来が明確で「なるほど」と思わされるものもある。が、一方で、「なぜココでソレ?」という変わりダネ系も。さらには、幾つか並んだウェイポイント名が、グループで続けてみると関連性が浮かびあがってくるパターンも。命名者の発想の面白さが、語句を追えば伝わってくることと請け合いだ。

日本周辺のウェイポイント名で一番傑作なのは、山口県の西側、玄界灘の海上にある。「STOUT」「KIRIN」「EBISU」「LAGER」の、ビールネタ4連チャン。分類名と企業名を織り交ぜつつで、省略や強引な語呂合わせもなし。パイロットはもちろんシラフなはずだが、これらのウェイポイントを通過する際は、ちょっと気分が高揚したりするのだろうか。

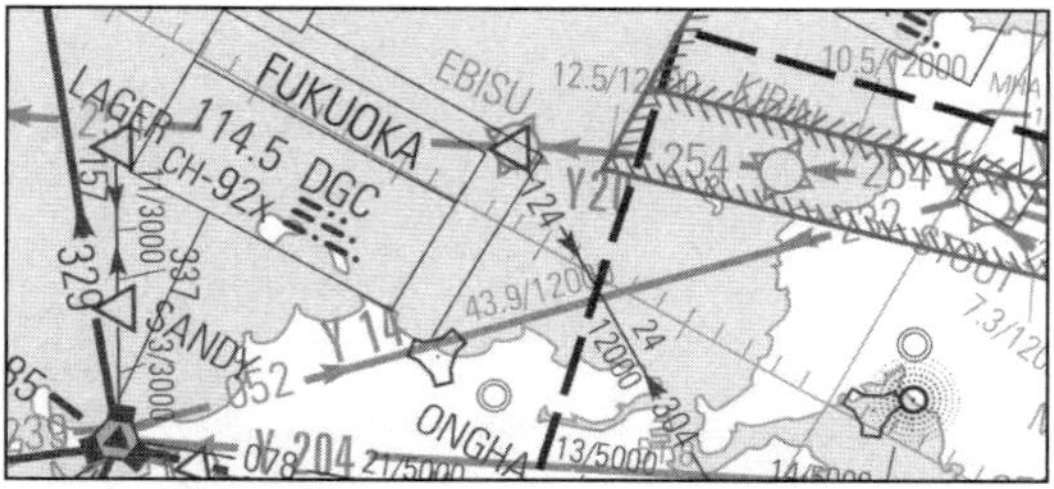

本文で紹介した、玄界灘に並ぶビール4連チャン。5文字だが「ASAHI」はない

島根県の海岸沿いでは「BLUES」「SAMBA」「MAMBO」と、音楽で盛り上がっている

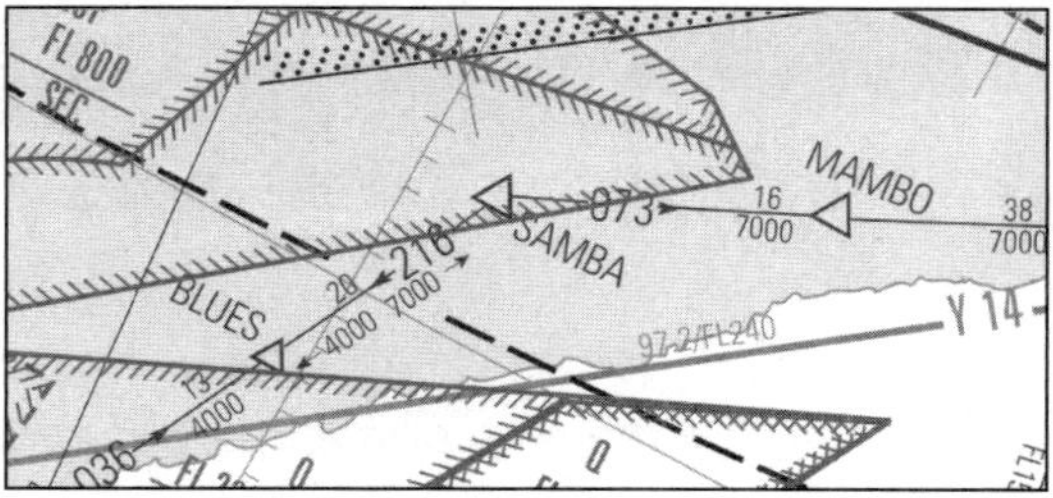

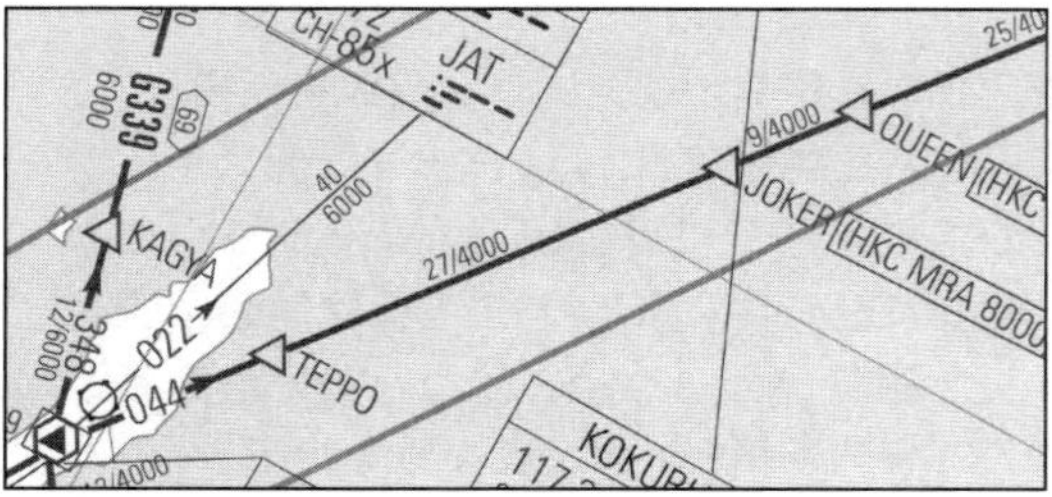

鹿児島県の種子島付近。「TEPPO」の先をたどってみるとなぜか「JOKER」「QUEEN」。「KING」はない

画像：AIS JAPAN

番外編

“廃”空港の意外な再利用法

滑走路跡の中央部分は当時の面影を残している

オリンピックのための幻の空港!?

旧・舞洲《まいしま》場外離着陸場

【大阪府大阪市此花区】

2008(平成20)年の夏季オリンピック招致を目指して、大阪湾に誕生した人工島・舞洲には現在、「舞洲スポーツアイランド」がある。ここには約800mの滑走路やエプロンも整備され、1994（平成6）年ごろには関西国際空港開港を記念した航空ショーなども行われた。滑走路跡は現在、カートコースや第2運動場となっていて、「ジムカーナ」という自動車のタイムトライアル競技大会などに利用されている。

(写真：ブログ「空港探索」)

滑走路跡を利用した、施設の巨大駐車場

滑走路に大学や図書館が建ち並ぶ

旧・高松空港

【香川県高松市林町】

高松空港は、旧日本陸軍の飛行場を戦後に改装して設置された空港。1956（昭和31）年より運用されていたが、滑走路などの拡張が困難だったため、1989（平成元）年に移転。跡地は「香川インテリジェントパーク」という産業技術施設が集まる地となった。ターミナルビルのあった場所にコンベンション施設「サンメッセ香川」が建ち、東西に伸びる滑走路跡には、香川大学工学部校舎や県立図書館などがずらりと並んでいる。

（写真：ブログ「空港探索」）

海側には水上機用のスロープが今も残されている

跡地は一大スポーツ公園に

旧・福岡第一飛行場

【福岡県福岡市】

第2次世界大戦前は日本最大級の国際空港だったが、運用期間は1936（昭和11）～1945（昭和20）年と短く、戦後は米軍に接収された。返還後の1972（昭和47）年に「雁《がん》の巣《す》レクリエーションセンター公園」が開園。野球場、サッカー場、テニスコートなどが造られた。野球場は2016（平成28）年まで、プロ野球福岡ソフトバンクホークス2軍の本拠地だった。プロサッカーチームのアビスパ福岡も練習に使用している。

（写真：ブログ「空港探索」）

太陽光パネルが並ぶ前、運用当時の800m×25mの滑走路

日本初！　空港跡地の太陽光発電所

旧・枕崎《まくらざき》空港

【鹿児島県枕崎市】

1991（平成3）年に、日本初の短距離路線小型旅客のコミューター空港として開港。離島へのチャーター便や遊覧飛行を運航していた。2013（平成25）年3月に空港廃止、2014（平成26）年9月には、オリックスと九電工が、滑走路跡に太陽光パネル約3万5000枚を設置した大規模な太陽光発電所を開業した。想定年間発電量は、918万5900キロワットに及ぶ。空が開けた立地を活かした枕崎天文台も、敷地内に設置されている。

（写真：ブログ「空港探索」）

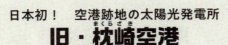

番外編

"廃"空港の意外な再利用法

滑走路にはラム酒の蒸留所を増設している

空港がそのままラム酒工場に!?

旧・南大東《みなみだいとう》空港

【沖縄県南大東村】

1934（昭和9）年に旧日本海軍が建設した飛行場は、1997（平成9）年の新南大東空港開設まで、島の空の玄関口として活躍していた。移転後は廃墟となっていたが、2004（平成16）年に、大東島産のサトウキビから造るラム酒の工場として復活した。島唯一の酒造所で、サトウキビのしぼり汁から造られる、世界でも希少なアグリコールラム酒を製造している。旧ターミナルはそのまま事務所として再利用されている。

（写真：ブログ「空港探索」）

第3章

日本のオンリーワン空港

半世紀ぶりに大リニューアル！世界初の空港内ワイン醸造所も

伊丹空港（大阪府豊中市・池田市・兵庫県伊丹市）

近畿地方の基幹空港である伊丹《いたみ》空港（正式名称、大阪国際空港）。戦前、大阪市大正区にあった「木津川飛行場」の移転先として開設された「大阪第二飛行場」がその前身である。戦時中は軍用飛行場、戦後は進駐軍に接収され、「伊丹エアベース」と呼ばれていた。接収解除後、「大阪空港」として運用を再スタート。大阪万博が開催された１９７０（昭和45）年に、３０００ｍ級の滑走路が整備され、ほぼ現在の形となった。

関西国際空港が開港した１９９４（平成６）年９月からは、国際線の発着全便が関西国際空港へ移ったが、地元の要望などもあって、伊丹空港の正式名に「国際空港」の名称はそのまま残された。

関西国際空港と比べると、アクセス面で格段に優位な伊丹空港は、利便性の高い都市型空港としての性格を前面に押し出した運営が大きな特徴だ。本来の利用者である、飛行機の乗降客のみならず、地域住民や観光客もターゲットとして設定。空港が開設された当初

ペデストリアンデッキの新設で、モノレール駅から2階の保安検査場まで階層移動することなく直行可能に（写真：関西エアポート株式会社）

と比較すると、利用者数も大幅に増加しているため、出発・到着時のスムーズな人の流れを意識した動線へと大きく設計変更。同時に商業施設部分の充実が図られている。特に、２０２０年にグランドオープンするリニューアルでは、総合的なアミューズメントパークとして、大きく生まれ変わろうとしている点が特徴的だ。

レトロな風情が郷愁を誘う「パタパタ表示器」ついに退役？

それに先立ち、２０１８（平成30）年４月に、中央エリアと展望デッキが先行オープンした。

この先行リニューアルでは、出発・到着、

出発ゲートのパタパタ表示器。稼働時の磨耗が少ないため、しっかりメンテナンスしていれば20年は軽く長持ちするという実は省エネ優等生

それぞれの動線の見直しが大きな要素となっている。これまでは、南ウイングが全日空、北ウイングが日本航空と、エアライン別にそれぞれ到着口が別になっていたのを、中央部の2階部分に集約し、1カ所にまとめた。

モノレール大阪空港駅から、歩行者専用のペデストリアンデッキ（立体連絡通路）を新設し、保安検査場と直結。同じフロアでフラットに移動できるようになったため、大きな荷物を持って移動する旅行者はずいぶん楽に。リムジンバスや、タクシー乗り場へも、到着口から100m以内で乗り継げるようになった。

ただ、今回、2018（平成30）年の改装工事で、惜しまれながら姿を消したものもある。到着口でレトロな風情を漂わせ、一部の乗り物ファンの間で人気が高かったパタパタ表示器（反転フラップ式案内表示器）だ。鉄道駅などでも使われているところがあるが、上下に組み合わせた2枚の板を回転させることによって、行先などの文字情報を表示するアナログ機器である。

電光掲示板と違って、作動時に、回転する表示板がパタパタと軽やかな音を立てるのは見ていても楽しい。また、回転音で表示変更のタイミングがわかるため、便利で良いという声もある。かつては、多くの空港で使われていたが、どこもＬＥＤや液晶表示に取って代わられ、次々と姿を消していっている。

伊丹空港では、すべての到着・出発口、合計36カ所で使われていたのだが、今回のリニューアル工事で到着ロビーのものが失われてしまった。だが、出発ロビーではまだ現役なので、興味のある方は今のうちに見に行っておこう。

飛行機がより間近に見られる新・展望デッキ

また、２０１８（平成30）年のリニューアルで大きく変わったのが、屋上の展望デッキ。

南イタリア料理をメインとするワインバル。併設の醸造所で作られたワインをはじめ、国内外のワインが100種類以上揃う（写真：関西エアポート株式会社）

飛行機の離発着が間近で眺められることから、航空ファンに人気の高い施設だ。今回、滑走路側に約20m増床され、全長400m、総面積8200㎡と、従来の約1・5倍もの広さになった。

床面は、ウッドデッキ仕様で歩きやすく、ベンチも多く設置され、夏場は水と戯れることができる噴水・親水ゾーンなども作られた。滑走路側には、7㎝間隔のワイヤーが張り巡らされて、飛行機の撮影がしづらいのが唯一の難点だが、安全性に配慮した手すりが設置されている。

空港の西側に広がる六甲山地に沈む夕日が見事なトワイライトタイム、ライトアップされたデッキから光あふれる滑走路が眺められる夜にかけての時間帯は、特にロマンチック。また、展望フロアの一画にはイベントゾーンも設けられており、大阪を本拠地とするプロダクションによる「よしもとナイトフライト笑わナイト」や、多彩なミュージシャンを招いての音楽ライブなどが企画されている。

うまいもんが大集合！　魅惑の食い倒れワールド

2020年のリニューアルの柱の1つを端的に示しているのが、「食べて買って楽しめる空港へ」というテーマ。店舗ゾーンは、寿司や豚まん、お好み焼き、うどんなどの名店が軒を連ね、食都大阪ならではの〝うまいもん〟が勢揃い。宇治茶を使ったスイーツや京漬物など、関西一円の逸品がズラリ、一同に集まった土産物のセレクトショップも充実している。特筆すべきは、世界の空港で初となる、醸造所併設のワインバル「大阪エアポートワイナリー」の登場だ。契約農家から仕入れるブドウを原料に、空港内でワインを醸造するのだ。2020年8月予定の全面グランドオープン時には、北・南ターミナルそれぞれに、搭乗前に買い物ができる「ウォークスルー型商業エリア」が新たに開業。保安検査場ではスマートレーンの本格運用が始まり、ムービングウォークの大幅増設も計画中だ。

小島が埋め立てられみるみる空港に！
世界初の海上空港はこうして誕生

長崎空港（長崎県大村市）

1975（昭和50）年5月、長崎県大村湾上に世界初の本格的な海上空港が開港した。世界の航空史にその名を刻んだ、この長崎空港の建設計画の始まりは、1960年代後半のことである。高度経済成長で日本の国際的地位が高まり、航空輸送も発展。航空旅客数の急増が予想され、大型ジェット機の乗り入れ可能な「計器飛行対応空港」として、地方大型空港の整備が不可欠となったことに起因する。

もともと長崎県の大村市今津町には、海岸沿いの内陸部に大村空港があった。当初はその拡張が検討されたが、空港周辺の山岳が計器着陸に障害を与えるとして断念。次いで浮上した案が、大村空港西方2kmの大村湾内に浮かぶ、箕島《みしま》の利用だった。箕島は周囲7kmの小島で、当時は13世帯66人が在住していた。この島を空港にすれば、計器飛行対応空港が建設できることに加え、島を切り崩した土石で海面を埋め立て用地造成すれば建設費を抑えられるのも魅力だった。騒音問題も、市街地から離れた海上なのでクリアできた。

前例のない工事で小島が空港に変貌!!

当時の県知事らの説得もあり、島民も建設を承諾。全島民が島外へ移住し、1971（昭和46）年12月に用地造成が始まり、切土、埋め立て、護岸の各作業が進められた。通常の工程では、埋め立てより護岸の造成を先行させる。だが調査の結果、地質が強度に優れた硬岩とわかり、埋め立ての土砂が流出して海水を汚す恐れがないことから、埋め立てを先行させた。また硬岩であるため、切り崩した岩石を埋め立てや護岸に再利用した。

切土では通常、大量の爆薬を使用するが、長崎空港の場合、火薬総量は実に3000tを超えたという。土砂運搬も1日あたりのトラック稼働台数は最大200台に達し、ピーク月ともなれば、掘り出した土量は15tダンプで6600台分におよんだというから凄まじい。

切り出した岩石を再利用しての埋め立てには、画期的な手法が取られた。船舶に岩石を積んで海上から海底へ投入する従来の方法ではなく、「モービル・ジェッティ工法」という新工法で行われたのである。

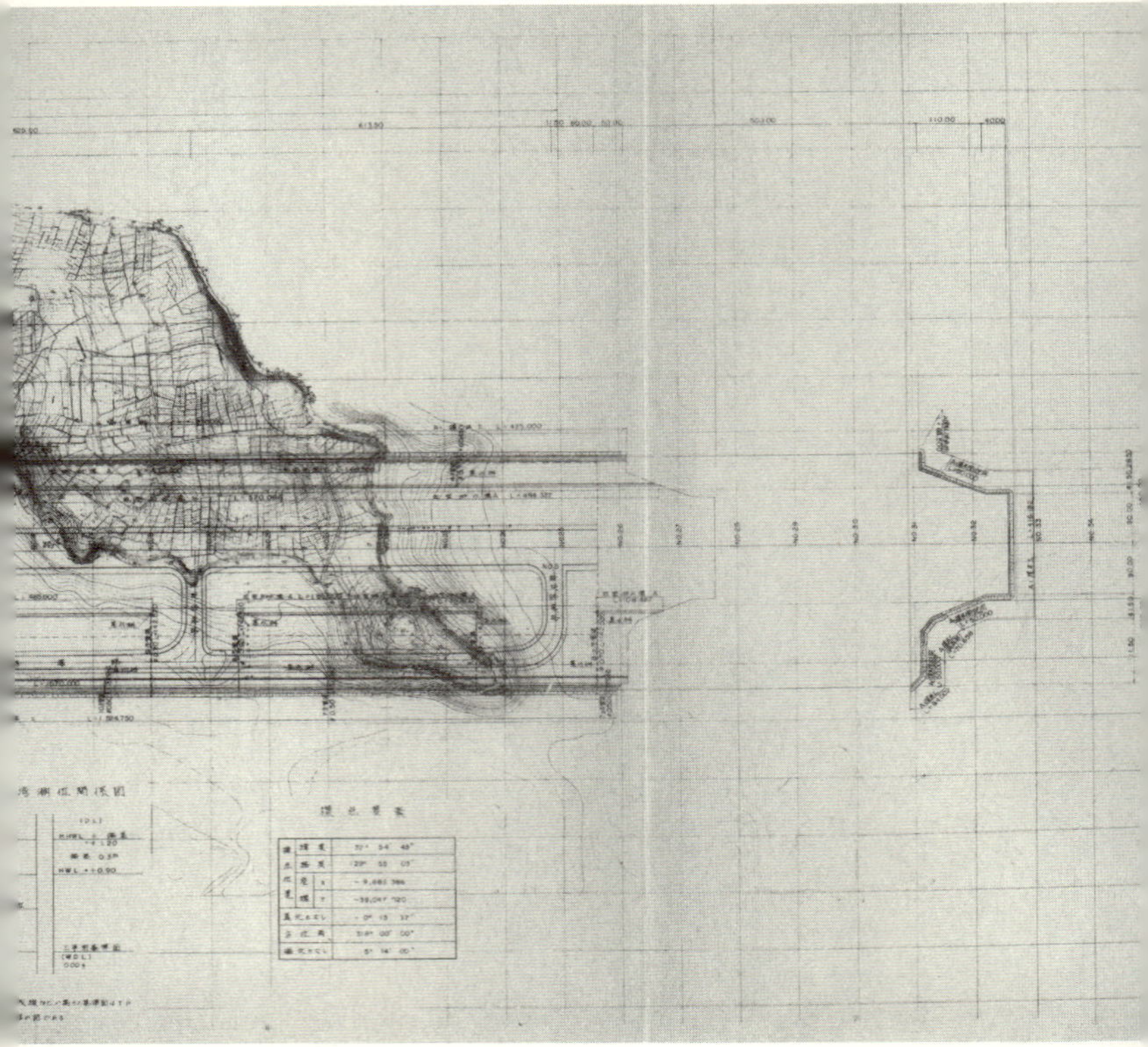

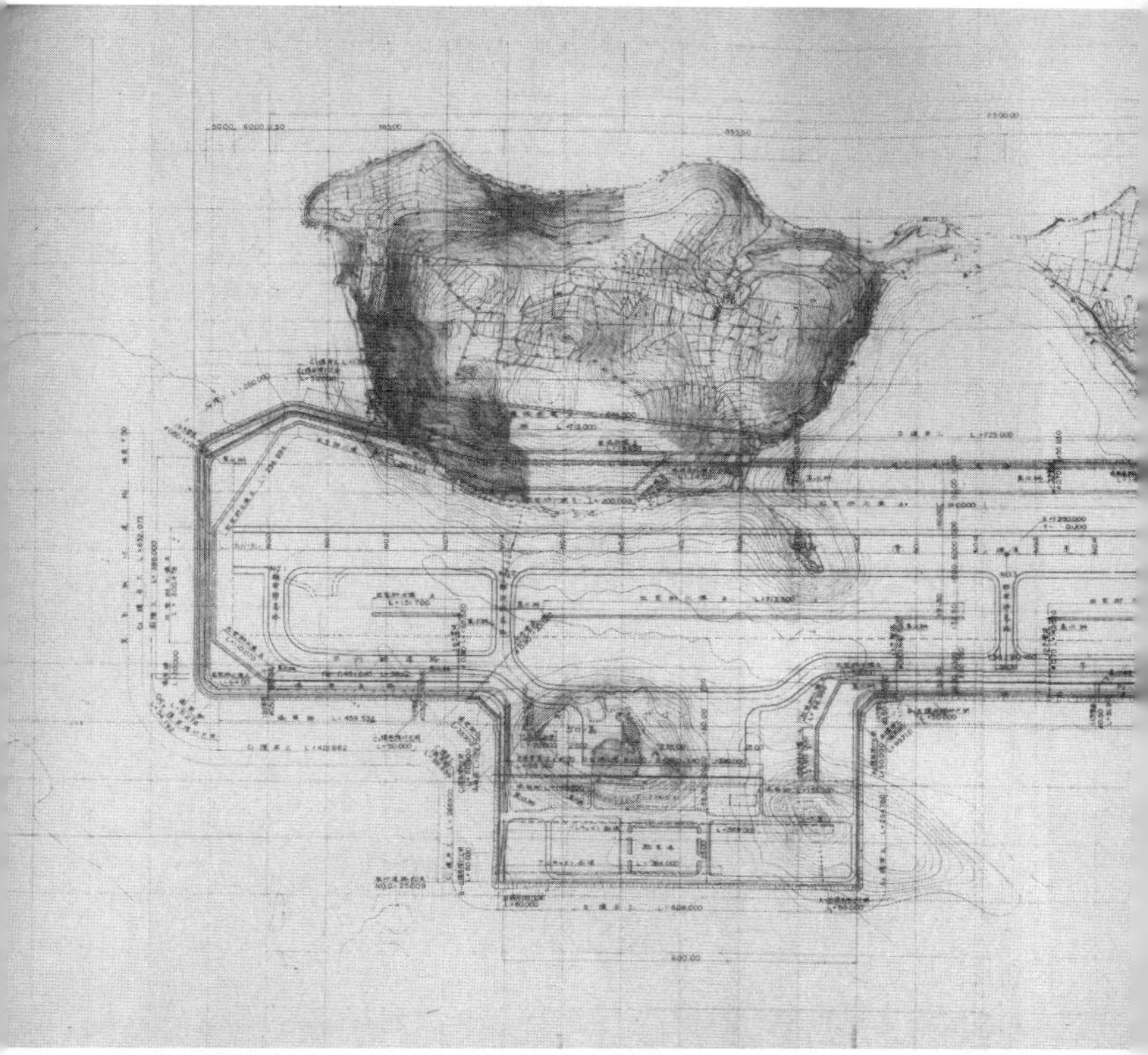

「新大村空港設計図」（提供：長崎県土木部港湾課）

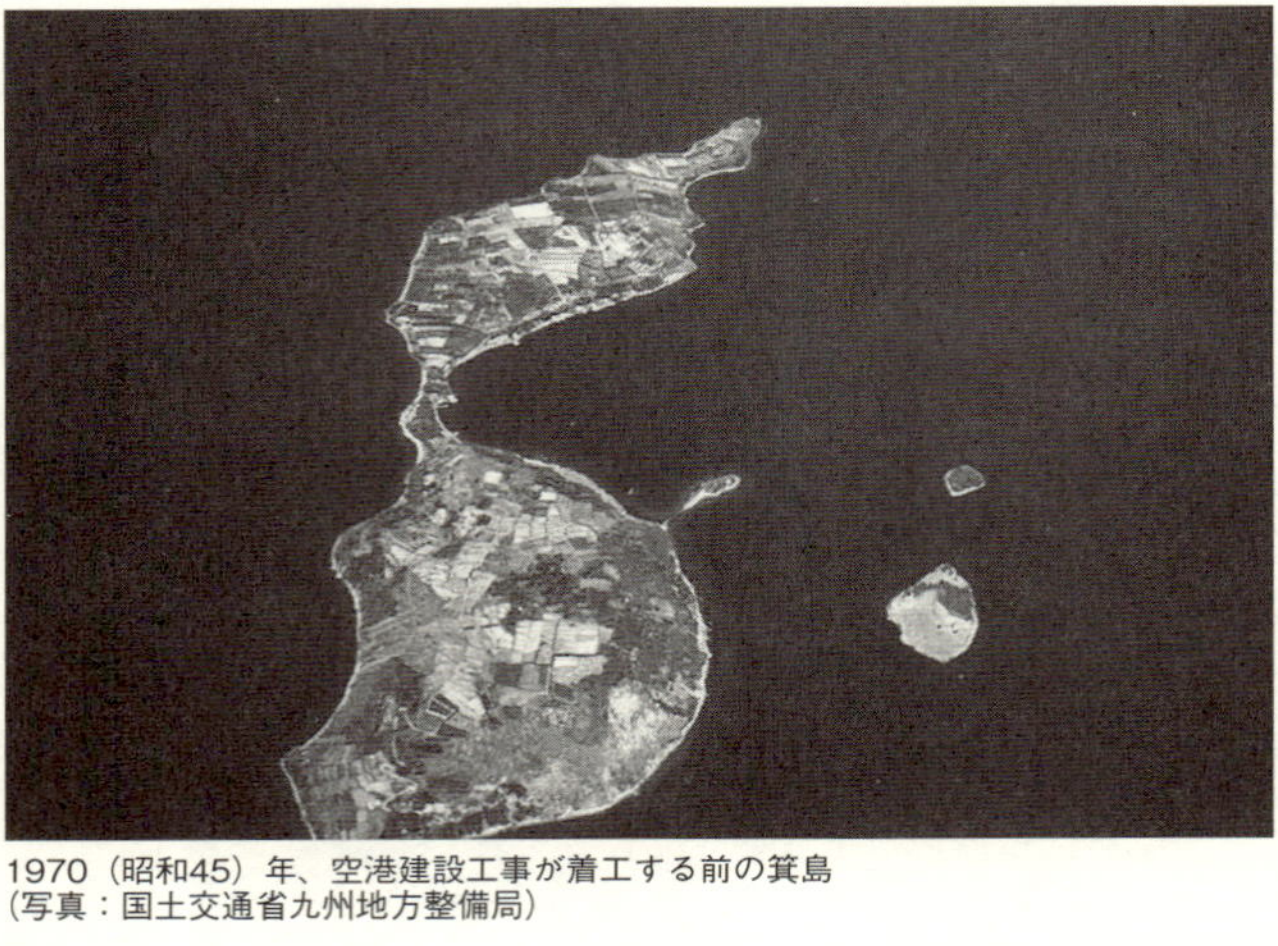

1970（昭和45）年、空港建設工事が着工する前の箕島
（写真：国土交通省九州地方整備局）

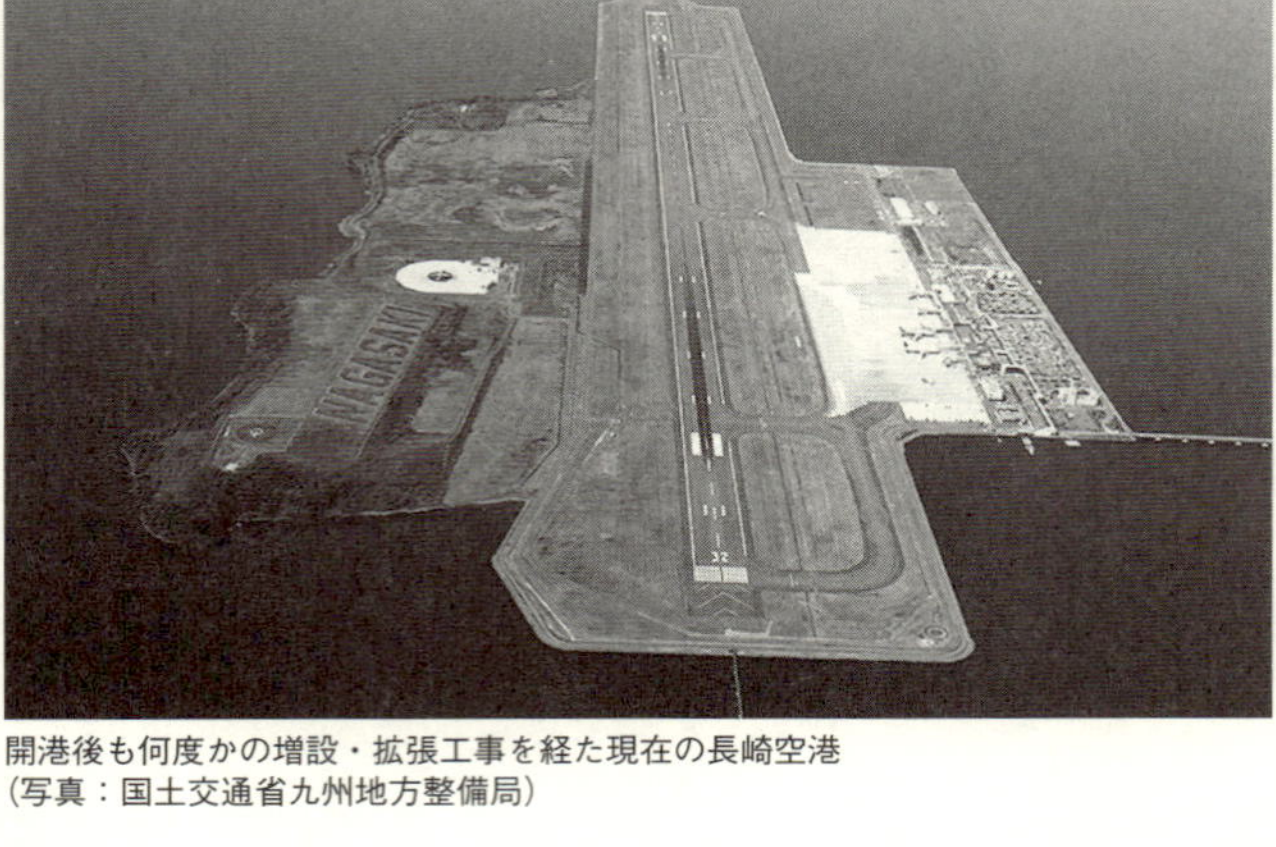

開港後も何度かの増設・拡張工事を経た現在の長崎空港
（写真：国土交通省九州地方整備局）

海上投入では、船舶への積み込みに時間がかかるなど、デメリットが多い。一方「モービル・ジェッティ工法」は、移動式ポンツーン（浮き桟橋）を護岸に並行して造り、ダンプトラックで運んだ岩石をポンツーン上から直接海中に投じる。1日に約6000㎥の処理能力が期待でき、高効率な埋め立てが可能となった。

埋め立てが中盤まで進むと、護岸の造成作業も同時進行された。大村湾は湾の開口部が狭く、浅い内湾であることが幸いし、干満の潮位差がわずか90㎝しかない。高波が発生しにくく、護岸高は2・17〜3・67ｍと設定された。ほかの海上空港の例では、大阪湾の神戸空港の場合、津波発生を踏まえ護岸高は5〜7・5ｍとされている。

一連の用地造成に伴う切土量は2000万㎥（東京ドーム16個分）、埋め立て土量2400万㎥、埋め立て面積154万㎡（東京ドーム33個分）、護岸の長さ約7㎞。実に大規模な土木プロジェクトだった。1973（昭和48）年12月からは滑走路、誘導路、エプロンの工事が始まり、1975（昭和50）年5月に無事開港する。わずか4年足らずの急ピッチだったが、これでも工期は予定より長引いている。当初は1974（昭和49）年12月の開港が見込まれていたが、オイルショックに起因する工事遅延というハプニングに見舞われ、工期が延びてしまったのだ。

逆境にもめげず積極アピール!!
僻地の地方空港ならではの名案・秘策

石見空港
（島根県益田市）

島根県の西半分、「萩・石見《いわみ》空港」という愛称を持つ石見空港がある石見地方。その中で空港があるのは山口県との県境に近い益田市の郊外。石見地方の各地へもアクセスにそれなりに時間がかかってしまう。島根県にありながら、隣の山口県の「萩」が愛称に含まれているのは、幕末の志士たちを排出した小京都の観光客を頼りにしているから。県内だけではなかなかタイヘンなのだ。

だが、石見空港はいくつものアッと驚く手法で空港をアピールしている。

空港でミツバチ！　滑走路上でマラソン!!

秘策の1つが、空港内でミツバチを育てる「ミツバチプロジェクト」だ。空港内東側の未利用地を養蜂スペースに転用。10箱の養蜂箱を設置し、およそ20万匹というミツバチを

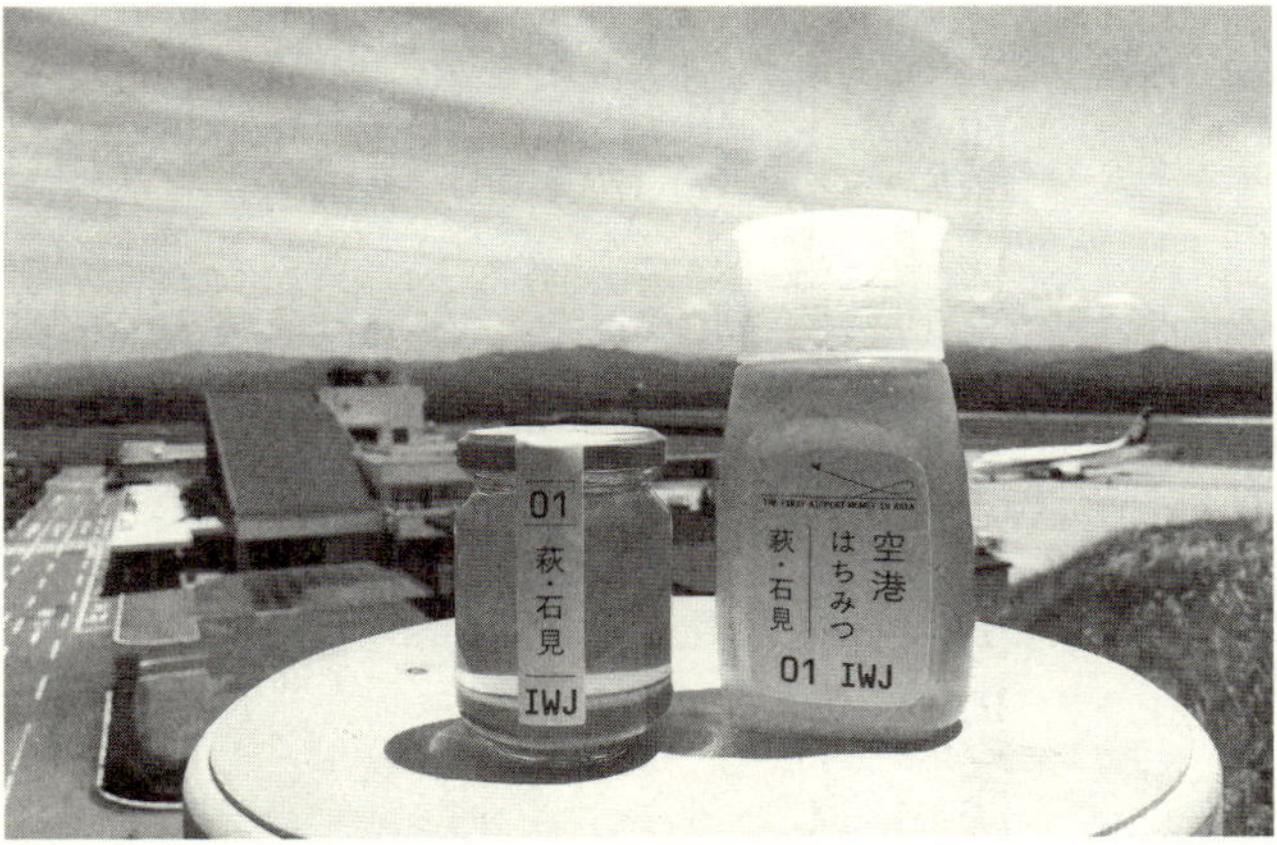

天然純度100%の「空港はちみつ」は、空港売店の人気みやげ。ビン入り130g1000円（左）、容器入り300g2300円（右）（写真：石見空港ターミナルビル株式会社）

飼育して、ハチミツを採取している。片手間な事業ではなく、かなり本格的。最も美味しいハチミツを決定するコンテスト「ハニー・オブ・ザ・イヤー」（日本ハチミツマイスター協会主催）で、２０１７（平成29）年に最優秀賞を獲得するほどのクオリティだ。２０１８（平成30）年からは、スティックタイプの容器に詰めた「そらはちスティック」も発売する力の入れようである。新商品は、携行しやすくエネルギー補給に役立つとして、日本災害食学会から「日本災害食」にも認定された。石見空港生まれのハチミツは、着々と認知度を高めている。

半径数kmといわれるミツバチの行動範囲に農薬を使用している田畑があると、農薬に汚染され、ミツバチは死んでしまう。敷地が広い空港ならその心配はない。実際、ヨーロッパでは空港での養蜂が広がりを見せているという。アジアで初の試みが石見空港になる。

石見空港の斬新なアイデアは、ハチミツだけにとどまらない。毎年10月に、「萩・石見空港マラソン全国大会」を開催しているのだ。なんと、マラソンコースは空港内。滑走路の一部が組み込まれた珍しいコース設定が人気だ。

２００８（平成20）年に、日本で唯一、空港の滑走路を走れるマラソン大会として初開催された。10年目となる２０１８（平成30）年はハーフと10㎞の2種目が実施され、どちらのコースも石見空港の滑走路をランナーが駆け抜けた。２０１８年は八丈島空港で「滑走路マラソン大会」が行われたため、「日本唯一」ではなくなったのだが、ハーフマラソンもある本格的な大会としては、日本唯一といってよさそうだ。

利便性を高めるための正攻法のサービスも充実

次々と奇抜な手法でアピールする石見空港だが、正攻法ともいえるサービスで利用者の利便性を高める施策も打ち出している。その1つが、空港と市街地間のアクセスサポート

複数種の花を蜜源にしているため、採蜜された時期によって味や香り、色が微妙に異なってくるのだという（写真：石見空港ターミナルビル株式会社）

滑走路のことは英語で「ランウェイ（runway）」と呼ぶが、まさか飛行機ではなく人間の走る道になるとは！（写真：萩・石見空港マラソン全国大会実行委員会）

石見空港の一角にたたずむ「吉田くん」。セリフに思わず苦笑だが、1日2便体制は2014（平成26）年3月スタートで、間もなく丸5年にもなる（写真：島根県広報室）

だ。これは「快適アクセス事業」と呼ばれる取り組みで、石見空港を利用して石見地方の浜田を訪れる利用者、もしくは浜田から出発する利用者に対し、「益田駅～浜田駅間のＪＲ乗車券」と「空港～益田駅間のタクシー券」を無償で提供している。

また、通常は東京・羽田空港との間を１日２便の運行なのだが、季節便が伊丹空港と１日１便運行している（２０１８年は８月４日～21日）。

なお、島根県では、アニメ「秘密結社 鷹の爪」に登場する「吉田くん」を「しまねＳｕｐｅｒ大使」に任命し、島根の魅力を全国に発信しているが、石見空港では利便性アップをちょっと自虐的にＰＲしている。

日本唯一の河川敷空港の名物
国内最長の搭乗橋はなぜできた!?

富山空港
（富山県富山市）

〝富山きときと空港〟（きときと＝富山弁で「新鮮な」の意）の愛称で親しまれる富山空港は、１９６３（昭和38）年に開港し、55年の歴史を誇る。現在、国内線は東京と札幌、国際線は中国の大連と上海、韓国のソウル、台湾の台北の便が定期運航している。

富山空港の利用客は、ほかの空港では味わえない体験をすることになる。機体に乗り込むための施設であるボーディング・ブリッジ（搭乗橋）が日本一。その長さたるや、可動橋約35ｍ、固定橋約50ｍの合計約85ｍあるのだ。

洪水対策の堤防を搭乗橋でひと跨ぎ

そもそもなぜ、約85ｍもの長さになったのか。そのワケは、富山空港の立地に隠されている。

日本最長のボーディング・ブリッジ。端から端まで渡るためには、大人が普通の速度で歩くと1分以上かかる

実はこの空港は、富山県の中央を流れる一級河川・神通《じんつう》川の河川敷に造られている。ちなみに、河川敷に造られた空港としても、国内唯一の存在だ。1963（昭和38）年の開港当初はプロペラ機による定期便運航だったが、1984（昭和59）年に滑走路を延伸して、ジェット機が就航する空港に生まれ変わった。河川敷に空港があることで、川の中州に集まった鳥によるバード・ストライクの多発など、いくつかの問題点が生じるのだが、中でも対策が必要とされたのが、洪水への対応だった。

立山連峰など山岳部から流れる富山の河川は急流が多く、神通川もその1つ。河川沿いの施設は、いざという時への備えが欠かせない。そこで富山空港は、洪水時の水没を防ぐため、旅客ターミナルが堤防の内側に配置されている。一方、滑走路は堤防の外側だ。そう、ボーディング・ブリッジは、ターミナルから機体へと堤防を乗り越えるために、約85mもの長さに造られているのである。

また富山空港では、ボーディング・ブリッジのほかにも洪水対策が講じられている。洪水に見舞われた場合は、滑走路やエプロンが冠水して航空灯火などが流され、二次災害を引き起こす可能性もある。そこで、富山空港では通常の消火訓練に加えて、洪水を想定した航空灯火撤去訓練も実施されている。

河川敷の滑走路は横風回避の工夫

では、富山空港はどういった経緯で河川敷に建設されたのだろうか。それには、富山県の地形が深く関係している。

空港がある富山平野は、立山連峰をはじめとした標高3000m級の北アルプスに囲まれている。そのため、春季を中心として南寄りの強風が吹くことが多い。北アルプスを越えて日本海へと吹き降りてくる風だ。そこで、山地から富山湾へ南北に流れる神通川の上

富山市中心部から南へ約7㎞の場所に位置している。はるか遠くには立山連峰の山並を望むこともできる

流から下流へと滑走路を敷くことで、山からの横風を受けにくくしている。河川敷滑走路は、風の影響を抑えられ、離着陸に都合がよいのだ。

空港内にはほかにも、手荷物受け取りのベルトコンベアーに富山名物「富山湾鮨」のオブジェが回ったり、おいしさに定評のある富山の水が無料で飲めたりと、多彩な楽しみが散りばめられている。

そして日本一のボーディング・ブリッジは、空港展望デッキから間近で見学することも可能。天気の良い日は立山連峰の大パノラマも。空港と雄大な山々が合わさった眺望は、一見の価値ありだ。

実は国内にいくつもある！ 定期便がない空港とその行方は？

全国47都道府県中、空港がないのはたったの10府県だけ。日本の空には密に航空網が敷かれている。しかし、実は定期便が就航していない空港も数多くある。自衛隊が設置した空港など旅客用を目的としない空港もあるが、中には、かつて定期便が就航していたのに時代の流れとともに廃止されたところもあるのだ。

長崎県五島列島にある上五島空港は福岡空港や長崎空港との間に定期便があったが、2006（平成18）年に休止。それに伴い、上五島空港との間にしか定期便がなかった小《お》値《ぢ》賀《か》空港も休港。同年4月には沖縄県・慶《け》良《ら》間《ま》空港が那覇との定期便を、それより先の2003（平成15）年には北海道・礼《れ》文《ぶん》空港が稚内との定期便を廃止した。礼文空港は2009（平成21）年から供用休止となっており、最近では、2014（平成26）年に佐渡空港と新潟の定期便も無期限運休となった。

赤字ではやっていけない地方管理空港

定期便が廃止された空港は、「地方管理空港」に分類されるものが多い。地方管理空港とは、地方公共団体が設置・運営する空港のこと。かねてより、利用客の伸び悩みなどが指摘されている空港も多く、各地方自治体にとって大きな問題となっていた。

近年では、２０１５（平成27）年の但馬《たじま》空港を皮切りに、２０１８（平成30）年の神戸空港や鳥取空港など、民間事業者へ委託される空港も出てきている。民間のアイデアや経営ノウハウを空港運営に取り入れ、利用客の増加や空港の収益向上を目指すためだ。ほかにも民間委託を検討、または準備段階の地方管理空港はいくつかあり、順次、開始されていく予定だ。

そんな中、先に挙げた上五島空港や佐渡空港、礼文空港など、地方管理空港の中から定期便が廃止される空港が出てくるのは、やはり空港会社の採算が重視され、結果として見合わなかったためだ。就航していた飛行機も、礼文〜稚内は19人乗り、上五島〜長崎、福岡は６人乗りと小型のものだったので、利益をあげることが難しかった。利用客数が極端に少ない赤字路線は、運航を続けられなかったのだ。

開港当時の福井空港（1976（昭和51）年から供用休止）。すずなりの展望デッキと「祝福井空港開港」の横断幕から、いかに福井の人々から待望されていたかが伺える

日本最北の空港である礼文空港（2009年（平成21）から供用休止）。滑走路が海に面しているため、風の影響による欠航も多かったという（写真：北海道総合政策部）

定期便がなくなると空港はどうなる？

こうして定期便がなくなった後の空港は、供用休止となり、廃港が議論に上がるところもあるが、多くはそのまま利用されている。

福井空港はかつて、羽田との間に1日1〜2便の定期便を就航していたが、直線距離で35㎞しか離れていない隣の小松空港がジェット化したことにより、福井空港の利用者が減少した。福井空港の滑走路は長さが1200ｍしかなく、ジェット機の運用ができなかったため、小松空港に利用者が流れてしまったのだ。1976（昭和51）年というかなり早い時期に定期便は廃止。その後、滑走路の拡張とジェット化を福井県が計画したが、騒音などへの懸念から地域住民の強固な反対にあい、2003（平成15）年に断念。

しかし福井空港は、その後も供用休止されることはなく、現在は航空写真撮影や遊覧飛行を行う小型機の基地となっている。また、福井県の防災拠点として、県警や県防災のヘリコプターが配備されている。福井空港の年間の発着数は2017（平成29）年度で約3200回、1日平均9回だ。かつて定期便が就航していただけあって、設備が整った空港でありながら、1日の発着数は少なく、グライダーの訓練にもよく使用されている。

休止中の空港に再び定期便が誕生する⁉

沖縄県の宮古島と橋でつながっている下地島《しもじしま》にある下地島空港も、定期便がなくなってしまった空港だ。ここは元々、民間航空会社のパイロットが飛行訓練をするために建設された空港だ。そのため、羽田空港のＡ・Ｃ滑走路と同じ、長さ３０００ｍ、幅60ｍの立派な滑走路がある。

空港供用開始の翌年、１９８０（昭和55）年には、下地島～那覇の定期便が就航した。しかし利用客減少により、１９９４（平成６）年に運休。その後は当初の目的通り、民間航空会社の訓練に利用されていたが、空港の年間運営費を負担していた日本航空（ＪＡＬ）と全日本空輸（ＡＮＡ）が、２０１２（平成24）年度と２０１３（平成25）年度に相次いで撤退。その後は、ＬＣＣのバニラエアなどの訓練に利用されていた。

しかし事態は大きく動く。２０１７（平成29）年に、三菱地所が沖縄県と基本協定を締結し、ＬＣＣによる国内線・国際線の誘致を行ったのだ。新たに旅客ターミナルの建設も進められた。２０１９年春には、下地島～成田の定期便の開設が決定。実に25年ぶりに、定期便が復活するのだ。

滑走路と一般道が平面交差する
ジブラルタル国際空港
【ジブラルタル／イギリス領】

ヨーロッパ南西部、イベリア半島南端に位置するイギリスの海外領土、ジブラルタル。面積6.8㎢の大半を岩山が占め、平地が少ないことから、滑走路と一般道が交差するという、スゴい造りの空港となっている。離着陸時には、踏み切りが降りて一時的に一般道を封鎖。踏み切り越しに、自動車や歩行者が見守るなか、航空機が横切るという斬新なスタイルだ。かつて「パイロットが選ぶ危険な空港」にも選ばれている。

（写真：dudlajzov / stock.adobe.com）

冠雪のロッキーを間近に離着陸!?

デンバー国際空港

【コロラド州／アメリカ】

敷地面積約1万3600ヘクタールと、民間空港としてはアメリカ最大の規模を誇る。メインターミナルの屋根には、冠雪のロッキー山脈を模した白いテントがズラリと連なるユニークな造りが特徴的だ。交差しない6本の滑走路のちょっと変わった配置や、目が赤く光る青い馬の巨像、空港ビルに施された4枚の巨大な壁画などが、陰謀論をはじめ様々な憶測を呼んでいる、ミステリアスな空港でもある。

（写真：Evan Meye / stock.adobe.com）

番外編
世界のおもしろ空港
BEST 7

険しい山間にわずか500mの滑走路

テンジン・ヒラリー空港

【ルクラ／ネパール】

標高2843m、ヒマラヤ山脈の谷間に位置するエベレストの玄関口。1本しかない滑走路は全長約500mと極端に短く、南端は12％ほどの急勾配、その先には切り立った山、そして真下は崖である。さらに、標高が高いために大気密度が低く、濃霧、強風、雨と、変わりやすい天候もパイロット泣かせといえる。地上滑走時の速度不足により、離陸後に機体が少し沈むこともあるため、乗客は一瞬ヒヤッとさせられる。

（写真：Jeroen / stock.adobe.com）

蜂の巣状の宇宙空間に魅了される

アブダビ国際空港

【ドバイ／アラブ首長国連邦】

ターミナル1は、天井一面を覆う蜂の巣状の紋様が、中央の柱に吸い込まれていくようなデザイン。まるで宇宙を思わせるような異空間を演出している。また、外部の音や光を遮断して、完全なプライベート空間を確保できる、繭型の「スリーピングポッド」を世界の空港でいち早く導入した空港でもある。「中東で最も優れた空港」に二度選出され、デザインのみならずサービスや利便性も高く評価されている。

（写真：manushot / stock.adobe.com）

到着してすぐにギャンブルが楽しめる

ラスベガス・マッカラン国際空港

【ネバダ州／アメリカ】

カジノを中心としたエンターテイメントの町・ラスベガスでは、飛行機を降りた瞬間から、その世界観が体感できる。ターミナルビル内には1000台以上ものスロットマシンが点在。1回25セント（20円前後）から遊べるので、運試しがてら挑戦する旅行客も多いのだとか。中心地のストリップ地区からわずか3㎞に位置するため、夜はきらびやかなネオン輝く賑やかな街並みをバックに、航空機が離着陸する。

（写真：yooranpar / stock.adobe.com）

豪華で巨大！ すべてが世界最高峰!?

ドバイ国際空港

【ドバイ／アラブ首長国連邦】

目覚ましい経済成長を遂げたドバイの玄関口であり、総面積約49万ヘクタールと世界最大級のハブ空港。2017（平成29）年の国際線旅客数は8820万人と、4年連続世界一に輝いた。エミレーツ航空専用であり、白く太い柱が建ち並ぶ第3ターミナルの地下は、神殿を思わせる雰囲気。空港ビルにはゴールドのインテリアが配され、金の量り売りをする店や、高級外車が当たるキャンペーンも開催。すべてのスケールが規格外だ。

（写真：philipu / stock.adobe.com）

滑走路が毎日水没!?　世界唯一の砂浜空港

バラ空港

【バラ島／スコットランド】

面積約59㎢のバラ島と、スコットランド最大の都市グラスゴーを結ぶ定期便が就航。ビーチをそのまま滑走路として使用しているため、満潮時には滑走路が水没。潮の満干によって飛行機の離着陸が左右されるという、世界で類を見ない空港だ。航空灯火もないため、夜間に離着陸が必要な際は、車のヘッドライトで照らすとか。普段、ビーチは一般開放されており、潮干狩りをする人がいたりと、和やかな雰囲気。

(写真：Sue Jackson CC BY-SA 2.0)

第4章

運営&維持管理のスゴ技

航空機の大混雑も適確に整理！
安全運航を支える空の司令塔

大空港周辺の上空は、フライトが集中するラッシュ時間帯などでは超過密状態になる。そんな大混雑している航空機を秩序立てて離着陸させ、目的地の空港まで飛行させる指揮を執っているのが、航空管制官だ。航空機が安全に目的地に到達できるよう、パイロットに飛行ルート・高度・スピードの指示を出す、空の司令塔なのだ。高速で飛行する航空機は向かい合わせならば毎秒５００ｍほどで接近していくため、パイロットの目視だけでは安全が確保できない。地上から適切な交通整理をする必要がある。

離着陸機を巧みにさばく飛行場管制

航空管制官が執り行う航空管制は、飛行場管制、ターミナル・レーダー管制、航空路管制の３つに大別される。役割の異なる各管制がチームワークを発揮し、円滑に連携するこ

羽田空港の管制塔。最上部にある運用室は360度ガラス張りで、空港全体を見渡しやすいよう中央の床が高くなっている

とが、航空機運用には欠かせない。

飛行場管制は、空港と周辺9㎞の管制圏の安全を主に目視で管制する。空港に見晴らしの良い管制塔が建てられているのはそのためだ。また、飛行場管制は、地上を移動する航空機の管制も行う。航空機はバックができないので、誘導路上で鉢合わせすると身動きが取れなくなってしまうからだ。

飛行場管制における最重要業務は、離着陸する航空機のコントロール。例えば、着陸機が接近しているときは、出発機を滑走路手前で待機させるか先に離陸させるかを判断する。管制官の指示は絶対であり、パイロットは独自判断では離陸も着陸もできない。

離陸した航空機を航空路まで誘導するのは、ターミナル・レーダー管制の管制官だ。ターミナル・レーダー管制では、着陸のため降下して来る航空機の誘導役も担う。ここで難しいのは、複数の航空機がいるとき。各方面から集まって来る航空機をどんな順番で着陸させるかを判断し、適切な間隔で滑走路に進入できるよう、一直線に並べていく。

一方、離陸して空港から充分に離れた航空機は、航空路管制に引き継がれる。航空路管制もレーダーを使用するので、管制室は必ずしも空港近くになくともよい。実際に、空港から離れた埼玉県所沢市などでも航空路管制が行われている。

◉航空機の動きと管制業務の流れ

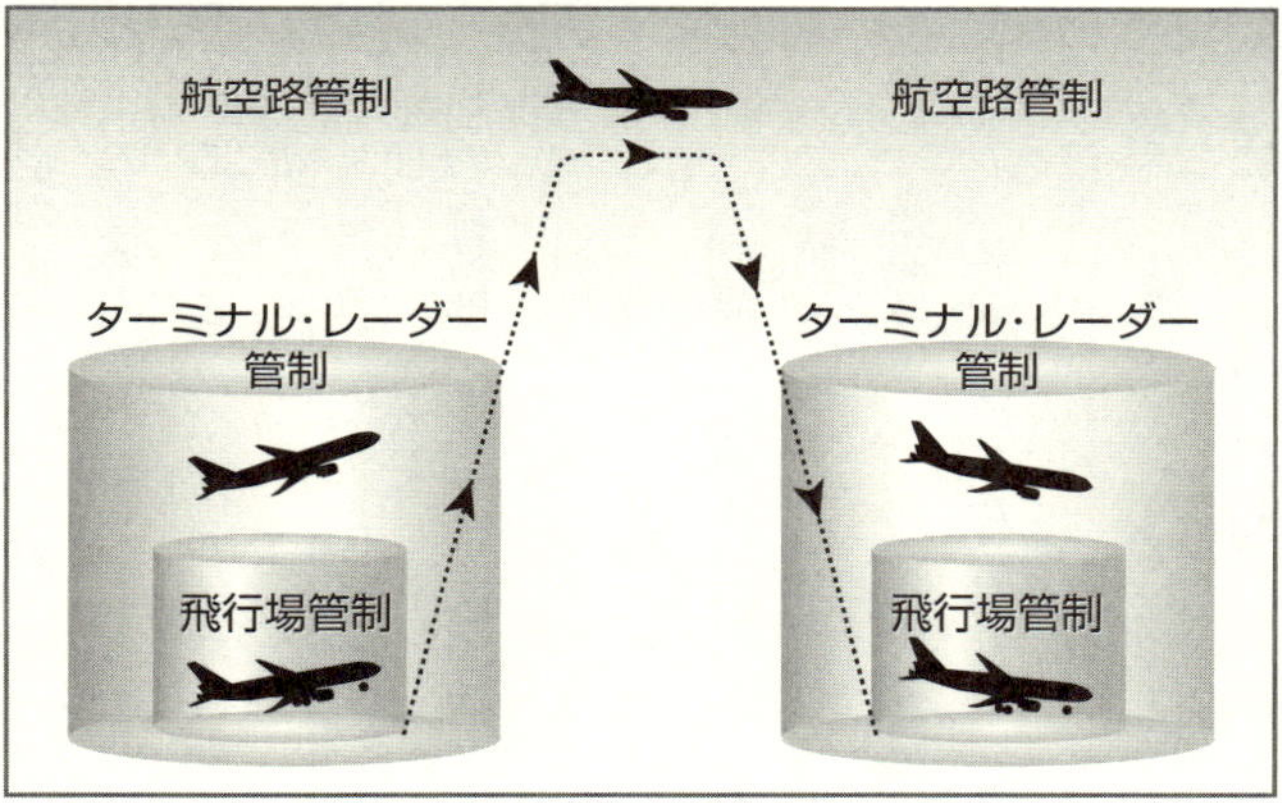

年間40万回超の航空機をオペレーションする

航空管制の現場では、どのような業務が行われているのだろうか。日本で最も忙しいといわれる、羽田空港の飛行場管制を例に挙げてみよう。

航空管制官の職場は、管制塔最上部の管制室。高さは国内の空港で最高の115・7mだ。ただし、高くなるとかえって近くは見えづらくなる。そこで、管制室は足元を見下ろせるよう、中央部分がお立ち台のように高くなっている。

羽田空港の発着回数は、なんと年間40万回を超える。しかも、AからDまで4本もの滑走路が菱形のような形で配置されており、それぞれの滑走路の経路が交差する。さらに、騒音防止のため内陸側（北から西）のフライト制限があることも、飛行場管制の難しさを高めている。そこで、羽田空港では離陸用と着陸用に滑走路を分け、さらに方面別でも使い分けて効率よく運用しているのだ。

また、羽田空港では、国際線旅客ターミナルの完成により国際線が強化されたことで、航空管制の難易度が増した。国際線ターミナルは空港の最も西側にあり、出入りする航空機は一部の滑走路を横切る必要がある。離着陸する航空機の合間を縫って滑走路を横断させねばならないのだが、外国航空会社のパイロットの中には、羽田空港に不慣れな場合もあるため、管制官は注意深い管制が求められるのだ。

ところで、航空機運用の中枢である管制塔は、万が一にも機能不全に陥ってはならない。そのため、建築物としての構造も特殊だ。とりわけ、地震対策には力が入れられており、耐震、制震、免震に注意が払われている。

羽田空港では、揺れにくい鉄筋コンクリート構造に加え、管制室下層には15ｔのウエイトが2つ置かれており、地震時には揺れと反対方向に動かして制震する仕組みになっている。さらに、最上階の管制室はゴムと金属バネで支持する免震構造だ。

雪と戦い飛行機の遅延を阻止!!
北国空港ならではのスゴイ除雪対策

冬期の北海道や東北で、航空便の欠航や遅延の大きな要因となるのが、雪だ。北国の空港では、毎年冬になると雪との厳しい戦いが繰り広げられている。

北海道の新千歳空港は、年間約２２００万人もの人が利用する大空港だ。１日の発着数は約４００便。ひとたび欠航便が出れば、非常に多くの利用客の足に影響が出る。そのため、新千歳空港では万全の除雪対策が講じられている。

新千歳空港には、Ａ・Ｂの２本の滑走路がある。除雪で滑走路が閉鎖されるときも、２本のうちもう一方は必ず使えるようにして、空港機能が止まらないようにしている。例年、11月20日～３月31日までの４カ月強、約90台の除雪車両と作業員約２００名で除雪体制を組んでいる。

降雪時は、滑走路や誘導路の路面状況を確認し、路面の摩擦係数が低くなってブレーキが利きにくくなると判断されると、除雪が行われる。２本の滑走路はいずれも60ｍ幅で、

雁行体制で走行する新千歳空港の除雪車両隊。作業員は連日5～21時半まで常駐し、万全の体制で除雪作業を行う

長さは3000m。そこを、12列に並んだ除雪車両が一気に走る。

「高性能スノープラウ除雪車」は約6・5mのプラウで、雪を一気に押し出す。高性能スノープラウ除雪車には「高性能スノースイーパ除雪車」が牽引されており、プラウで除去できなかった雪を強力なブラシでかき出し、送風機で吹き飛ばす。この連結車両が横10列に並び、V字型の雁行走行することで、滑走路の中心から外側へと雪をかき出していく。一番外側を2台の高性能ロータリ除雪車が走り、雪を滑走路の外へと排出する。

以前は片側30mずつ、往復で滑走路1本を除雪していたが、従来より2mもプラウが大きい高性能スノープラウ除雪車を導入したことで除雪幅が広くなり、12列編成で60mを一気に除雪することが可能となった。それにより、除雪時間を約20分短縮することができた。

さらに、エプロンなど空港全体の除雪が必要となった際は、全スタッフに召集がかかり、早朝便に合わせて作業が完了するよう、深夜から全車両が出動して除雪作業を行う。

国内初の専用エプロンで機体も除雪

除雪のほかにもうひとつ、「デアイシング」という大切な作業がある。デアイシングとは、薬剤を航空機に散布することで、機体に付着した雪や氷を除去し、雪が再び付着するのを防ぐ作業だ。新千歳空港では２０１０（平成22）年に、国内で初めてデアイシングを行う専用エプロンを滑走路付近に整備した。

ほかの北国の空港では、デアイシング作業はターミナルビル前のエプロンで行われ、その後滑走路へと移動する。しかし新千歳空港は、国内線ターミナルビルから約３㎞、国際線ターミナルビルから５㎞以上地上走行してから離陸することになるため、離陸待ちの間に防除雪氷剤の効果が切れてしまうことがあった。その場合はデアイシングをやり直すことなり、航空便の遅延につながった。また、予定外にスポットを使用して再デアイシング作業を行うことになるため、到着便のスポット変更など運用への混乱を引き起こす原因となっていた。だが、デアイシング専用エプロンが整備されたことにより、作業から離陸までの時間の短縮でき、スポット運用の混乱も防げるようになった。

しかし、防除雪対策が取られているにも関わらず、予想外の大雪で乱れが生じてしまうことがある。２０１６（平成28）年12月の記録的な大雪では、３日間で延べ６１１便が欠航、12月23日の夜から翌日にかけて６０００人近くが、新千歳空港に足止めされた。そのため、新たに除雪車の数を増やすなど対策をとり、さらなる除雪対策が検討されている。

青森空港を守るホワイトインパルス

東北でも有数の豪雪地帯で、多い年には累計除雪量が10ｍを超えることもある青森空港。ここで除雪作業に従事するのが、地元企業による共同企業体、通称「青森空港除雪隊ホワイトインパルス」だ。４社・約１２０名体制で除雪が行われる。

長さ３０００ｍ、幅60ｍの滑走路を片道30ｍずつ、往復で除雪する。スノープラウ除雪

無線で連絡を取り合い、無駄なくスピーディに作業を進める青森空港除雪隊ホワイトインパルス。航空灯火周辺は破損防止のため人力で除雪する

車とスノースイーパ除雪車、またその2つが連結したものを組み合わせた計12台が斜めに隊列を組み、滑走路から雪を排除。一番外側を走るロータリ除雪車が滑走路の外側遠くへ雪を飛ばす。隊列が通過した後を薬剤散布車が走り、液体の凍結防止剤を約15m幅で散布し、滑走路の除雪は完了となる。それと同時にエプロンなどの除雪も行う。

こうして除雪作業が行われるのは、滑走路を含めた約55万㎡（東京ドーム約12個分）という広大なエリア。青森の雪は、北海道などと比べて水分を多く含み重い。そこを、わずか40分で除雪してしまうのだから驚きだ。速くて迫力ある除雪作業は実に見応えがあり、見学ツアーも実施されたこともある。

空港の安全に目を光らせる!!
防犯&消防のスペシャリストたち

多くの人や物が絶えず行き交う空港は、24時間絶え間なくトラブルが発生しやすい環境にある。また、万が一にも航空機の事故が発生した場合は、大災害につながる恐れも孕んでいる。空港にはそうした有事に備え、防犯や消防の専門部隊が配備されているのだ。

空港での警察業務は、都道府県警が空港内に設置した「空港警備派出所」所属の警官が行い、特に大規模な空港では、空港とその周囲のみを管轄する「空港警察署」も存在する。空港での警察業務は拾得物管理、駐車違反摘発、パトロールなど、一般の交番とほぼ同じ。国際線が就航する空港では、違法薬物や銃器、ワシントン条約で取り引きが規制されている希少動物などの密輸入や密出入国の防止も、重要な任務だ。実際の検査業務は税関職員や保安検査員が行うことが多いが、異常時は警察官が駆けつけて対応する。

羽田空港と成田空港に関してはそれぞれ、警備活動を実施する警備部隊が存在する。成田空港を担当する「千葉県警察成田国際空港警備隊」は、1978（昭和53）年発足で、

2020年の東京オリンピック・パラリンピックや、羽田空港第2ターミナルの国際化を前に訓練を強化するテロ対処部隊（写真：警視庁）

日本初の空港専従部隊。編成は約1500人の大部隊で、成田空港に関する諸施設を防護し、空港反対派などによる空港の安全と秩序に対するの阻害行為の防止・制圧のため誕生した。

一方、羽田空港には、2012（平成24）年に警視庁空港警備中隊が新設され、2014（平成26）年に「東京国際空港テロ対処部隊」と改称、警視庁警備部の直轄組織に格上げされている。主な活動はテロやハイジャックといった重大事件の防止と発生時の対処で、所属メンバーは警察官からの選りすぐり。爆発物処理やハイジャック対応の人質救助など、各分野のスペシャリストで構成されている。

事故現場までわずか3分で到着!!

空港での事故は、大型航空機などが絡むため大規模になりやすい。そこで空港では、飛行機事故に備え、「空港消防」と呼ばれる航空機災害に特化した部隊が常駐している。空港消防の多くは地方自治体の消防とは独立し、空港自体が組織している。中には、民間の専門企業に委託するケースもあるようだ。

空港消防を国際的に規定するのが、国連の専門機関・ＩＣＡＯ（国際民間航空機関）だ。すべての空港は規模により10カテゴリーに分類され、それぞれ必要な消防車・救急車の台数から水タンクの容量、消火薬剤量など、細かく定められている。また、空港内での航空火災発生時には、空港消防は３分以内に現場へ駆けつけるという規定がある。

日本の空港で、ＩＣＡＯが定める最も厳しいカテゴリーレベル10に指定されている成田空港の場合、化学消防車６台、給水車３台、泡原液《あわげんえき》タンク車、救急車、破壊救護車、フォークリフト、指揮車など、合計18台の車両を保有している。このうち、空港用の化学消防車は、大容量の水槽を備え、強力な放水ができることが基本とされる。

実際に航空災害が発生すると、出動発令後、化学消防車が現場に急行する。事故の当事

空港保安防災教育訓練センターでは、実寸大模型でエンジン・燃料流出火災などを仮定して訓練を行う（写真：国土交通省航空局空港保安防災教育訓練センター）

機である航空機の風上に指揮所と救護所が設営され、救急医療器材運送車が医療機材を提供し、医師が怪我人の治療に当たるのだ。

特殊な対応が必要となる空港消防を確実に遂行するため、消火訓練施設が長崎県大村市の長崎空港近隣に設置されている。実寸大の航空機模型を使って消火訓練が行える、国内唯一の施設「空港保安防災教育訓練センター」だ。このセンターでは空港消防職員を受け入れて訓練を行っており、より高度な知識や技能を習得できる。訓練は消防車両の出動や配置といった消防技術から、実際に火を使った消火訓練まで、多種多様。あらゆる航空機事故を想定した訓練コースが設けられている。

小石ひとつ残さずライト切れもゼロ
離着陸を陰で支える保守点検部隊

空港を安全に運用するうえで、各種施設の保守・点検は欠かすことができない業務だ。航空機が離着陸する滑走路ももちろん、常に正常に機能するよう維持されている。その作業内容は多岐にわたる。

滑走路のメンテナンスの1つが、舗装路面清掃作業。滑走路上に小石や砂などがあると、タイヤのパンクや、エンジン吸い込みによる故障につながる可能性がある。そこで、大型清掃車により定期的に清掃が行われている。

路面標識作業は、滑走路上にペイントされた各種標識の塗り替えだ。滑走路上には、航空機が離着陸するための目標となるラインなどがあり、それぞれに重要な役割を担っている。また、駐機場にも、航空機の走行ラインや作業車両用の走行ラインなどが色分けして、ペイントされている。これらのラインが薄くなったり汚れで見えなくなったりしないよう、定期的に塗り替えているのだ。

滑走路舗装体内の不具合は、軽微なものは充填材でその場ですぐに対処してしまう（写真：国土交通省東京空港事務所）

滑走路ゴム除去作業も、安全管理上の大切な業務。滑走路の路面上には、航空機が着陸するとき、タイヤと舗装面の間で摩擦熱が生じて、タイヤのゴムが路面に焼きついてしまう。焼きついたゴムが積み重なると、航空機のスリップの原因ともなるため、航空機が飛ばない深夜帯に超高水圧を使ってゴムを除去している。

また、滑走路そのものではないが、周辺の緑地帯の除草作業も忘れてはならない重要な作業だ。除草は火災防止や、バードストライクにつながりかねない野鳥の棲みつき防止などが目的。やはり航空機の飛ばない深夜に、刈り取りから運び出しまでを一気に済ませてしまう。

清掃車搭載のロボットが灯火を自動洗浄

滑走路上の設備で航空機の道しるべとなっているのが、航空灯火だ。昼夜を問わず、また悪天候でも航空機が離着陸できるのは、航空灯火という案内役があってこそのこと。いかなる条件でもパイロットから確実に視認できねばならないため、航空灯火も頻繁にメンテナンスされている。

羽田空港を例に挙げると、航空灯火メンテナンスは23時30分から6時までの深夜帯がメーン。24時間運用のため、4本の滑走路を同時閉鎖するわけにはいかず、曜日ごとに滑走路を2本ずつ閉鎖して点検している。灯器のボルトが緩んでいないかをトルクレンチで確認する「増し締め作業」、灯器の分解整備を行うための「灯器交換引き上げ作業」などを行う。

清掃は埋め込み灯器清掃車による自動洗浄だ。清掃車の荷台後部には洗浄ロボットが搭載され、天井にはカメラがついている。運転席のモニターで天井カメラの映像をもとに灯器を所定の範囲に収め、ロボットアームが自動洗浄を行う。洗浄にはドライアイスが使用されており、すぐに気化するため航空機が走行する場所に残留物が残らない。

自動洗浄ロボット。アーム先端には灯器の位置を確認できるセンサーが付く
(写真：かしわひろゆき)

1万5000個すべて玉切れナシ!!

一方、各滑走路と誘導路のライトチェックも毎日の業務だ。羽田空港では、航空灯火数は約1万5000個。それらをひとつひとつすべて点灯してみて、ライト切れがないかを確認していくのだ。

航空灯火は、現場でのメンテナンスに加え、定期的に分解して点検・清掃する精密点検を行わねばならない。そのサイクルは、埋め込み型灯火の場合、ハロゲン電球で6カ月ごと、LEDで1年ごとと決められている。

作業が行われるのは、空港内にある灯火整備作業所だ。作業はまず、灯器の清掃に始まり、分解整備をした後は漏洩検査装置を使って、しっかりと密閉されていることを確認。現場の定期清掃では落とし切れなかった細かい汚れも除去され、きれいな姿を取り戻す。

細部の点検が済んだ灯器は、配光試験室という場所で、光の特性を総合的に検査する。専用スクリーンに光を投射し、灯火の色、光度、配光などが基準値に収まっているかを確認するのだ。こうして性能診断が完了した灯器は倉庫に保管され、再び滑走路上で航空機の道しるべとして機能する。

日本中の空域を東奔西走！ 空の安全を支える「ドクターホワイト」

管制官が飛行機のコックピットに指示を出す航空通信施設や、飛行機に正しい着陸コースからの横ずれを知らせるローカライザーなど、航空機が安全飛行をするために、実にさまざまな設備がサポートしている。それらが正常に機能しているかを確認するためには、地上での点検作業だけでは不充分。実際に飛行して、確認する必要もあるのだ。この役割を担っているのが「飛行検査機」である。

管轄している国土交通省航空局は、かつては羽田空港を拠点としていたが、２０１５（平成27）年に中部国際空港セントレアに移転し、新組織「飛行検査センター」として発足した。

飛行検査機は、航空無線のやり取りの中では「チェックスター」という名称で呼ばれている。新幹線の線路を走行しながら線路や架線の状態などを点検する「ドクターイエロー」になぞらえて、航空ファンの間では「ドクターホワイト」という愛称でも親しまれている。

航空保安施設&航空路のデータを収集・解析

飛行検査機は、1961（昭和36）年に導入されたDC－3型機を皮切りに、戦後初の国産機であるYS－11型機、高高度飛行検査機・ガルフストリームⅣ型機、ボンバルディアBD700型機などが導入されてきた。現在は、セスナ525C型機（サイテーションCJ4）5機、ボンバルディア社のDHC8型機1機、計6機が活躍している。

通常の旅客機と異なり、客席の代わりに機内に据えられているのは巨大なコンピュータ。「AFIS」と呼ばれるデータ解析用の装置で、飛行検査機の心臓部ともいえる。操縦士、整備士、無線技術士がチームを組み、1機あたり6～8名が乗り組み、各地の空港や関連施設へ赴いて、航空機とパイロットに「空の道」を示し、安全に誘導するための各種施設が正常に作動しているかどうかを、実際に飛行しながら1つ1つ確認していくのだ。

検査内容は、「定期検査」をはじめ、新しい施設の運用開始前に行う「開局検査」、重要な変更や故障が生じた際に行う「特別検査」、新たな技術を用いた施設や飛行経路を設置・設定する前に評価を行う「飛行調査」の4つに大別される。検査対象は、航空路を示す無

2006年に導入され、2021年12月に退役予定のDHC8型機。全長25.7m、全高7.5mで低・中高度の飛行検査に適している（写真：国土交通省航空局）

線施設や、管制官が航空機を誘導するための通信施設、滑走路の灯火類や、日本の領空に設定された航空路の検査やレーダーの精度確認など、その業務は多岐にわたる。

例えば、滑走路への進入経路を横切る方向に飛行する「アークフライト」、滑走路への進入経路に対して一定高度で飛行する「レベルラン」、航空機の降下角度で進入し、滑走路上を高度約50～100ft（約9～18m）で通過する「ローアプローチ」の3種類の飛行を行うことによって、ILS（Instrument Landing System：計器着陸装置）からの指示と、検査システムの計測にズレがないかを検査する。ILSは、視界が悪くても確実に着陸するための方向をパイロットに指示する無線施設のこと。縦方向の進入角を示す「グライドスロープ」と、横方向のコースを示す「ローカライザー」で構成され（一部空港ではローカライザーのみで運営）、両者が正しく作動することで初めて、パイロットに正しい進入角とコースを示すことができる。

ローアプローチでは、目視による滑走路付近の航空灯火の点灯確認も行われる。稀に、進入灯周辺に繁茂する木々が、ライトを覆ってしまっていることもあるため、実際に飛行して確認することで、それらを発見することもできる。

また、巡航飛行をしながら、航空機と地上で無線交信をするための設備である地上対空通信施設の検査も実施。実際に交信を行い、ＨＦ（短波）無線やＶＨＦ（長短波）無線などの電波が正しく送受信されているかをチェックする。

通常、月曜または火曜に中部国際空港セントレアを出発し、３～４泊の日程で全国各地の施設を回り、週末まで目いっぱいのスケジュールが組まれている。多岐にわたる任務が詰まっているうえに、時には飛行制限が設けられている限界域を飛んだり、地表や山に異常接近した際に知らせる地上接近警報装置を確認するなど、非常に高度な操縦が求められる。空港が問題なく機能し、航空機が安全に運航できるよう、今日も飛行検査機は飛び続ける。

前方に見える滑走路に進入するCJ4のコックピットの様子。操縦は2人で行うが、サポート役としてもう1名操縦士が乗務している（写真：国土交通省航空局）

一定の角度で飛行する機体と航空機が受信した電波の誤差などを測定し解析するAFIS（Automated Flight Inspection System）（写真：国土交通省航空局）

巨大飛行機を手作業でブラッシング！
知られざる超絶技術＆チームワーク

空港で旅客機を注意深く見学していると、どの機体ももれなくピカピカに保たれていると気づくだろう。これは、日本の航空会社が機体を常にきれいに保つ努力をしているからにほかならない。それは単に美意識からというだけではなく、安全上の意味が大きい。汚れを取り除くことで、機体を腐食から守り、かつ、機体外部の目視点検を容易にするのだ。例えば、オイル漏れやサビの付着があっても機体がきれいなら発見しやすく、迅速に必要な措置が取れる。機体洗浄は、飛行機の安全運航に必要不可欠な作業なのだ。

洗浄技術のマスターまでは1年がかり

日中は多数の飛行機が絶えず稼働しているため、洗浄作業は深夜帯に行う。洗浄にあたる作業員の数はだいたい12人前後。この人数は機体サイズに関係なく決まっている。

大型機の場合、主翼の上部は水を撒いた後に、命綱をつけた作業員が翼の上に直接降りて清掃を行うこともある

作業員はいずれも、充分な知識を備え訓練を重ねた熟練のスペシャリストだ。飛行機の機種ごとに異なる機体形状を把握しており、無駄のない動きで確実に任務をこなせる技量を身につけている。

作業開始前は、パイロット顔負けの細かいブリーフィングが行われる。機体の汚れ具合や風などの気象条件、各自の担当箇所など、確認事項は多岐にわたる。準備が整うと、いよいよ作業開始だ。担当ポジションに散った作業員は、機体の状態をまず点検。次いで、壊れやすい場所の保護と精密機器に洗剤が入ることを防ぐため、機体のデリケートな箇所にマスキングをする。

洗浄作業は基本的にすべて、洗浄用具を

使った手作業だ。洗浄用具は、スポンジ、モップ、ブラシの3種類を使用する。通称「パット」と呼ばれるスポンジ用具は、最大6mまで伸びる金属の柄が付いている。モップとブラシは柄が木製で、長さは洗浄箇所に応じて4、3、2、1・2mの4種類だ。基本はスポンジのパットを使い、落ちにくい汚れがある箇所でモップとブラシが活躍する。柄の長い用具は、水を含むとテコの原理でかなりの重さになる。バランスを崩さず用具を操れるようになるまでは、1年近くを要するという。

また、ビル5階分の高さにも相当する垂直尾翼のてっぺんを洗浄する場合などは、アームが最大25mまで伸びる、ブーム式高所作業車を利用する。一方、主翼の洗浄では、作業員は命綱をつけての作業。安全に配慮しながら、それぞれが受け持ちのポジションで機体を洗ってゆく。

最大効率を考えた完璧なチームプレー

1機の洗浄に要する作業時間は、ボーイング777のような大型旅客機でも、約2時間半ほど。ボーイング737のような比較的小型の機体では1時間ほどで済んでしまう。作

最長で25mまで伸びる二人乗りゴンドラを使えば、尾翼の最上部までカバーできる。それでもロングサイズのブラシを扱うのは大変な作業だ

業員たちによる洗浄手順は実に効率的。例えば、作業車の移動が最小限になる動線が考えられていたりと、いっさいの無駄を省いたチームプレーが遂行されている。それでも、ひと晩で洗浄できる機体の数は2~3機程度で、年末年始を除いてほぼ毎日、1年を通じて実施される。

ただ、天候や整備の関係で延期される場合もある。中でも、問題なのが強風。高所作業車を使うため、平均20ノット（時速約37㎞）ほどの風が吹くと、作業を中止せざるを得ない。また、雨天時も原則、作業は行わない。

機体の汚れが特に目立つのは、冬明けの季節。防氷剤として飛行機に散布されるグリコールが、油のように汚れを付着させる性質を持つのが理由だ。

冬と聞くと、水を使う洗浄作業だけに、寒さで過酷なように思える。だが実際のところ、作業中は全身を常に動かしている重労働が続くため、冬場でも上着を脱ぎたくなるほど暑くなるという。むしろ、作業が辛いのは夏。夜に作業を行っているとはいえ、昨今は30度を超える熱帯夜が何日も続くことも珍しくない。加えて、舗装された地面からの放射熱もあるので、こまめな休息と水分補給を意識的にはさむようにしなければ、熱射病になる恐れだってあるのだ。

ハイテク給油システムを支える地下の壮大なパイプライン網

乗客と貨物を乗せた重い機体が空を飛ぶには、大量の燃料が必要となる。毎日多くの旅客機が発着する空港は、給油基地としての役割も担っている。

航空機に使用するのは、ガソリンではなく、純度が高く水分を含まない「ＪＥＴ Ａ－１」と呼ばれる特殊な燃料。ジェット機が飛行する高度１万ｍでは、気温がマイナス５０℃にもなり、水分が含まれていると凍ってしまい、エンジントラブルの原因になる。そのため、航空燃料は純度が高いものでなければならないのだ。

ところで航空機の給油は、自動車と違って「満タン」にするわけではない。余分な燃料を搭載すると重くなって、燃費が悪くなるからだ。天候や風向きなどを考慮し、緻密に計算された予想消費量と、目的地に降りられない場合の上空待機、あるいは代替空港へ行くために必要な量だけを搭載する。

着陸してから次のフライトまでのわずかな時間に、貨物の積み下ろしや機内清掃と並行して行われる給油作業は、時間との戦いとなる。特に羽田や成田、中部、関西国際空港など、発着便数が非常に多い空港では、過密スケジュールに対応するため、特殊な給油設備が使われている。

時短&安全確実に給油する画期的システム

航空機の給油には、2つの方法がある。駐機場までタンクローリー車を走らせて給油する「フューエラー方式」と、駐機場へ直接燃料を送ることができる設備で構築されている「ハイドラントシステム」の2種類だ。

発着便数が少ない地方空港などでは、特別な設備を持たなくていい「フューエラー方式」の方が、ローコストで済むので合理的とされている。だが、規模が大きく、かつ発着スケジュールが過密な空港では、タンクローリーでの給油では作業がまるで追いつかなくなってしまう。

そこで考案されたのが、地下に燃料配送パイプを埋設することによって、空港内の燃料タンクと駐機場までをつなぐ「ハイドラントシステム」なのだ。

空港の地下を走る総延長40㎞の大動脈

1955（昭和30）年、ハイドラントシステムは全国に先駆け、羽田空港に導入された。羽田空港では現在、敷地南側に8基の燃料タンクを設置。専用タンカーが、国内の製油所で精製された航空燃料を、ほぼ毎日運んで来る。ちなみに成田空港の場合は、港から離れた内陸部にあるため、千葉港頭石油ターミナルから専用のパイプラインを敷設して、空港の燃料タンクまで輸送している。タンカーによって輸送されて来た燃料は、タンカーの送油口と桟橋上にある配管受け入れ口をつなぐ「ローディングアーム」という装置を使って陸揚げされる。このとき同時に、ごみなどの固形物を取り除く「ストレーナー」、混入している水分などを除去する「フィルターセパレーター」を通して、濾過を行う。

空港内に設置されているタンクに貯蔵された航空燃料は、回転数を自動制御するＶＶＶＦ（Variable Voltage Variable Frequency）モーターを使った「払い出しポンプ」によって加圧され、空港の地下に張り巡らせた長大なパイプラインを通って、航空機が駐機するエプロンへと送られていく。羽田空港の場合、パイプラインの総延長はなんと40㎞。これらの一連の流れは、貯油基地内にある「集中監視制御システム」で、24時間体制で常時３

名のオペレーターのもと、一元管理されている。

飛行機への給油作業は、基本的に一人でできるようになっている。まず、引火防止のため、静電気除去用のアースを航空機に接続。そのうえで、地面に設置された燃料取り出し口「ハイドラントバルブ」と、主翼の下側にある給油口との間を中継するための車両「サービサー」を使って接続する。バルブは各スポットに2カ所以上ある。サービサーには、航空燃料の最終濾過装置、搭載量を計測する流量計、給油時の圧力制御装置などが搭載されている。力仕事を要する現場ではあるが、最近では、女性の給油作業員も活躍している。

原則として、給油作業は乗客が全員降りてから、整備士が許可を出さなければ行うことができない。サービサーは1分間に最大3000ℓもの給油が可能なので、国内線の場合は平均して約30分程度で完了する。ただ、一度飛行機のタンクに入れた燃料を抜くのは非常に手間がかかるため、最終的な搭載量が確定しないときは、確実に必要な量だけを給油しておき、必要に応じてあとから追加するという方法がとられている。

各機への給油量はコンピュータ管理、給油状況は監視モニタによって確認している。同時に、各航空会社のシステムと専用の通信回線でつなぐことで、刻々と変わるフライトスケジュールと連動しながら、常に最新の必要量が反映される先進的な方式になっている。

羽田空港に着桟したタンカーと送油管の受け入れ口をつなぐローディングアーム
(写真：かしわひろゆき)

不正薬物の密輸を水際で取り締まる！ スーパードッグ・麻薬探知犬の育て方

隠された麻薬類を鋭い嗅覚でかぎ当て、密輸を防ぐ麻薬探知犬。現在、国際空港をはじめ、港湾や国際郵便局などの全国の税関で約１３０頭が活躍している。

麻薬探知犬が初めて日本に導入されたのは、約40年前の１９７９（昭和54）年6月のこと。アメリカからやって来た2頭が、すぐに不正薬物摘発の成果を発揮したことから、翌年9月より国内での育成がスタートした。

成田空港から車で約10分、成田市三里塚にある「麻薬探知犬訓練センター」は、１９８７（昭和62）年開設の日本で唯一の訓練施設だ。年に2回、警察犬訓練所やブリーダーから公募した１～２歳前の犬を対象に、訓練を繰り返し適性を見極めていく。

そもそも、「麻薬探知犬の適性」とはどういうものなのか。次の7条件が挙げられる。

一、動くものに対して興味を示す

二、物を投げるとくわえて持ってくる
三、持ち帰った物に対する独占欲が強い
四、人見知りをしない
五、行動が活発で、生き生きとしている
六、どんな場所でも恐れない
七、人に対して攻撃的でない

これら条件に適している犬は、一般的に、ジャーマン・シェパード、ゴールデン・レトリバー、ラブラドール・レトリバーの3種。過去には、アメリカン・コッカー・スパニエルという、クリクリした大きな目がキュートな小柄な犬もいたという。

ダミーを見つけて遊んでもらいたい！

訓練は、職場となる空港や、港の環境に慣れさせることを第一目的とする4週間の馴致訓練から始まる。タオルを筒状に丸めた「ダミー」を投げて、動くものに対する興味を測っ

壁の隙間に隠された麻薬を探す壁面捜査の訓練風景。センター内での訓練を活かすため、輸入貨物を対象にした実地訓練も行う（写真：東京税関）

たり、「見つけて持って帰ってくる」という基礎的なものが中心だ。また、ダミーを見つけたら、職員が一緒に遊んであげることで「見つけると遊んでもらえる＝ご褒美」という意識を植え付け、犬の本能である獲得欲を掻き立てていく。

次に、大麻類の匂いを覚える訓練を8週間行う。ダミーに麻薬の匂いをつけて、前述の訓練を重ねるうちに、一緒に遊んでもらいたい犬は、麻薬があるところにダミーがあると思い始め、麻薬を探すようになっていく。実は、麻薬探知犬は、ダミーを探し当てて職員と遊んでもらいたい一心で仕事に励んでいるのだ。ちなみに、麻薬の匂いを覚えたからといって、中毒になることはいっさいない。

その後、中間評価を経て、覚醒剤やヘロインなどのハードドラッグに関する訓練を4週間。最終評価に合格し、2週間の現場トライアルで問題なく稼働できると判断された犬だけが、晴れて麻薬探知犬として認定されデビューできる。中間と最終評価での試験は一発勝負で、再試験はないという。また、途中で適性がないと判断された犬は、元の持ち主に戻される。最終的に麻薬探知犬に認定される犬は、訓練犬のうちおよそ3割と、なかなか狭き門なのだ。

犬の嗅覚と性質をうまく活用した、これら4カ月以上にわたる訓練では、ハンドラー（犬とコンビを組む税関職員）との信頼関係をうまく築けるかも重要だ。ハンドラー1人につき、担当する麻薬探知犬は1頭。朝の散歩や排便の処理、食事、毛並みの手入れなど訓練以外の身の回りの世話も担当し、日々一緒に過ごしている。

発見するとその場に座って知らせる

「Ｆｉｎｄ ｉｔ！（探せ）」とのハンドラーの掛け声のもと、ターンテーブル上の荷物と荷物の間を往来しながら麻薬探知犬が嗅ぎ分けていく――。国際空港の到着ロビー裏側

国際空港のソーティング（荷捌き）場での検査場面。
1～8歳までの犬が活躍している（写真：東京税関）

では、このような光景が日々繰り広げられている。

　実際に、不正薬物隠匿の可能性がある荷物を見つけた場合は、吠えて知らせることはない。静かにその場に座り、どのあたりが匂うのか鼻を使って指し示す。当然ながら、検査の回数よりも発見の回数はずっと少ない。そのため、現場で遊んでもらえないことが続いてしまうと、犬のモチベーションが下がる恐れがあるので、現場でも適宜訓練を行っているという。

　日本国内で、麻薬探知犬がこれまでに摘発した不正薬物の押収量は、３・６ｔにものぼる。今日も、高度な能力と、ハンドラーとの深い絆のもと、不正薬物密輸の水際摘発に貢献している。

第5章

知られざる建設&設備の裏側

軟弱な〝おしるこ〟地盤と戦いハイブリッド滑走路ができるまで

羽田空港（東京都大田区）

東京の都心から近い羽田空港（正式名称、東京国際空港）は、利用者数日本一の超過密運用空港だ。東京オリンピックが開催される２０２０年に向け、発着枠はさらに４万回に拡大する計画もある。滑走路が４本あるのも、国内ではここ羽田空港だけ。どこから見ても日本一の空港なのだが、それゆえに、これまでに多くの問題も生じ、乗り越えてきた。

羽田空港は１９３１（昭和６）年に、全長３００ｍ、幅15ｍの滑走路１本で開港した、わが国初の国営民間航空専用空港「東京飛行場」が前身。１９７８（昭和53）年に、新東京国際（現・成田国際）空港が開港するまでは首都圏唯一の国際空港であり、世界に開かれた日本の空の表玄関であった。

東京オリンピックが開催された１９６４（昭和39）年に海外旅行が自由化され、その後の高度経済成長も後押しをし、航空旅客数が激増する。だが、羽田空港のキャパシティには限界があり、１９６０年代後半には、羽田上空で多くの旅客機が着陸のために、旋回待機を余儀なくされるような状況となっていた。ようやく着陸しても、駐機スポットは常に満杯。3本ある滑走路のうちの1本を閉鎖して、駐機場にしていたほどだ。

国際線が成田に移っても、なお過密状態は続いた。そのため、第三の空港建設も検討されたが、東京近郊に空港を新たに建設できるような用地を確保するのは困難だった。

そこで、1984(昭和59)年から、「東京国際空港沖合展開事業」がスタート。使用中の空港の沖合に埋め立て地を造り、空港施設をそれまで使用していたエリアから、さらに沖合に広げるというものだ。滑走路は3本のままだが、全体的な規模拡張・機能強化とともに、深刻化していた近隣地区への騒音問題の改善も図るという計画だった。

水分を除去し圧密促進で地盤を改良

埋め立て予定地は元々、東京都の廃棄物処理場で、水底の土砂やヘドロ、建設残土などが大量に投入されていた。自然含水比は最大230%、つまり、土砂の重さの2倍以上の水分を含んだ超軟弱土壌で、関係者からは「おしるこ」と形容されていたほどだった。

地盤改良のために、水分を抜く「サンドドレーン工法」、圧密を促進する「プレロード

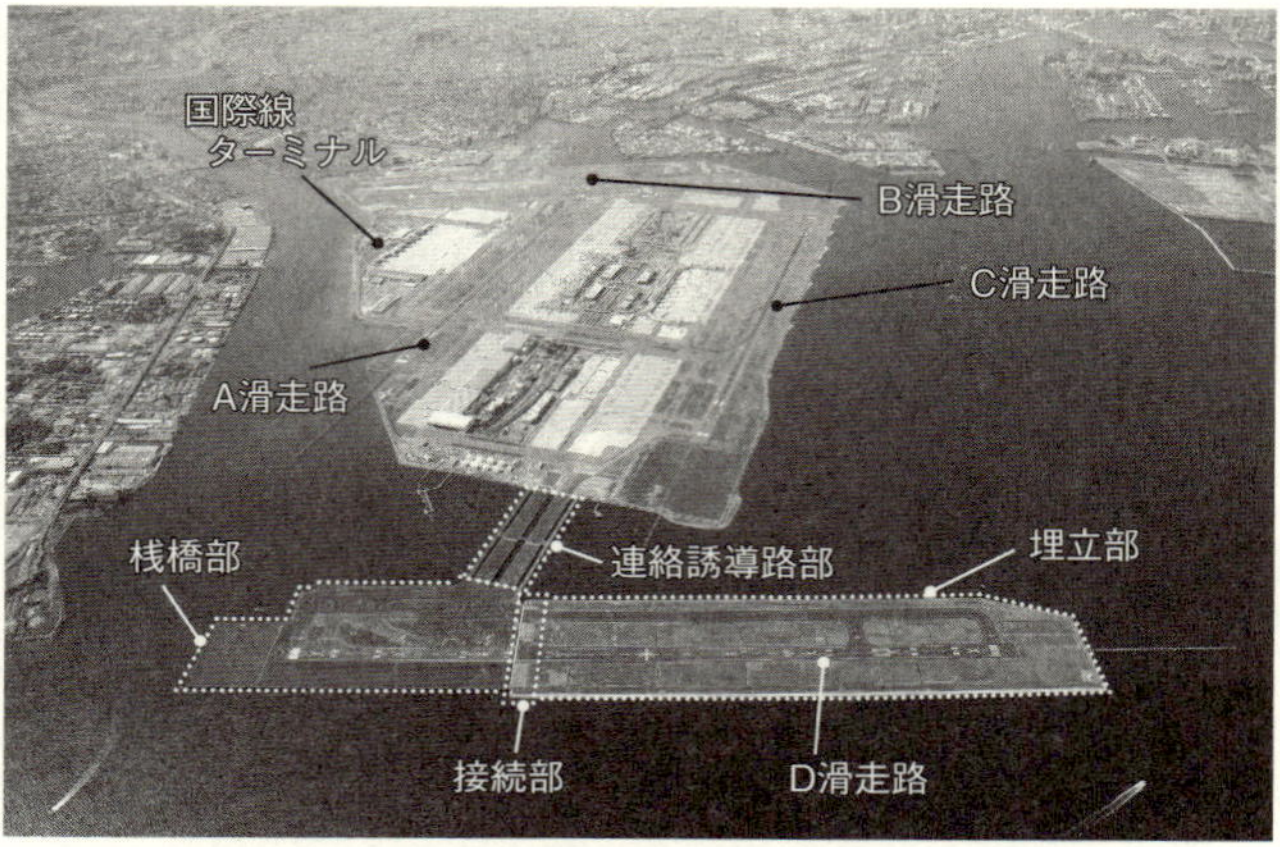

羽田空港全景。ジャケット198基で構成される桟橋部は長さ1100m・幅520m、埋め立て部は長さ2020m・幅420m（写真：羽田再拡張D滑走路JV）

工法」など、あらゆる技術が駆使された。この工事のために打ち込まれた「バーチカルドレーン」（垂直方向に打ち込んだ排水のための管）の総延長は約8万km、なんと、地球2周分にも匹敵する。

そして、12年もの歳月をかけてようやく完成にこぎつけたが、その間にも空港の利用者数は、さらに増加の一途をたどっていた。そのため、再拡張事業として、4本目となるD滑走路が建設されることになった。

埋め立てプラス桟橋工法のハイブリッド滑走路

沖合展開後（1997〈平成9〉年以降）の羽田空港には、並行するA・C滑走路と、それらに交差するかたちで設置されたB滑走路の3本の滑走路があった。騒音防止の点から、これより内陸側に滑走路を造ることはできない。沖合に造るしかないのだが、C滑走路の沖側だと、離陸してすぐ右旋回するC滑走路から飛び立った航空機の進路と交差してしまう。また、ターミナルから動き出した飛行機は、C滑走路を横断しなければならないため、思うように便数を増やすことができない。

そこで考え出されたのが、空港島の南側に、B滑走路と並行になるように4本目の滑走路を新たに造るという案である。そうすると4本の滑走路が平行四辺形に配置される形になるのだが、この案にも問題があった。羽田周辺は、空だけでなく海上交通も過密状態なのだ。

羽田空港のすぐ沖には、東京湾に出入りする「東京港第一航路」が通っているため、あまり海側に突き出すことはできない。また、内陸側は多摩川の河口にかかり、埋め立てて河口を狭めると、大雨などで川が増水したときに、上流部が氾濫する危険性が高まる。

そこで、D滑走路は、必要な長さを確保するために、従来通りの埋め立てで陸地を造る部分と、多摩川河口にかかる部分には水の流れを阻害しない「桟橋工法」を併用。これまでに前例のない、独自の工法で造られることになった。

1㎝の誤差も許されない精緻な作業

新滑走路用の島の全長３１２０ｍのうち、多摩川河口にかかる１１００ｍが、桟橋工法の部分となる。まず海中に多数の鋼鉄杭を打ち込み、その上に「ジャケット」と呼ばれる構造物をかぶせていく。ジャケットとは、杭につながるレグ（脚）の上部を強固な鋼桁でつなぎ、トラス支柱で強化した構造物のことで、全部で１９８基が据え付けられた。それらを支えている１１６５本の鋼鉄杭は、ジャケットの荷重だけでなく、潮流や川の流れ、地震にも耐えられるように造られた特注品で、最長１００ｍもある。東京湾の水深は14～19ｍだが、海底から20ｍ近くは軟弱地盤であるため、充分な強度を持つ支持層まで深く打ち込む必要があった。

これほど長い杭を真っすぐ打つには、非常に高い精度が求められるうえ、打ち込み位置が１㎝でもずれるとジャケットをかぶせることができない。正確な位置決めのためにＧＰＳが活用されたが、通常の受信機では数ｍレベルの誤差が生じるため、正確に位置がわかっている場所に基準となるＧＰＳ基準局を設置し、誤差を確認。まるで精密機器を造るかのような精緻な作業の末に、ようやく埋め立て部分が完成したのである。

D滑走路へと渡るための連絡誘導路のジャケットを据え付ける作業の様子（写真：国土交通省関東地方整備局東京空港整備事務所）

海に打ち込まれているのが、D滑走路桟橋部を支える杭。その数はなんと1165本（写真：羽田再拡張D滑走路JV）

今なお沈下を続ける海上国際空港
海底超軟弱地盤とのはてなき戦い

関西国際空港
（大阪府泉佐野市・田尻町・泉南市）

関西国際空港が開港24周年を迎えた２０１８（平成30）年9月４日のこと。関西地方を未曽有の勢力を保持する大型台風21号が直撃した。関空では、２本ある滑走路のうち1本が完全に浸水してしまい、海上に造られた空港の弱点が、改めて注目されることになってしまった。

関西国際空港は、泉州沖約５㎞の大阪湾にある、日本初の24時間運用可能な国際空港である。１９９４（平成６）年に1期空港島が、２００７（平成19）年に2期空港島が開港した。これほど陸から遠い空港は世界でもほかに例がない。

これは騒音被害の影響を受ける住宅地近辺から遠く離すためだが、それは24時間発着を可能にするのに、絶対に必要な条件だった。だがその海底には沖積層《ちゅうせきそう》という地盤の緩い粘土層が、かなりの厚みで堆積している。１９９４年の開港から24年が経った今もなお、この空港は沈下し続けている。

旅客ターミナルは全長約1700mにもおよぶ長大さ。150mごとのパーツが連結する形になっている

世界でも前例のない海底の軟弱地盤との戦い

1期島では18m、2期島で19・5mという、深い埋め立てが必要だった。そこでまず必要となったのが、海底の地質調査だ。特殊な作業船で海底を掘り下げて、サンプルを採るボーリング調査を実施。1期工事に先立ち、65カ所でボーリング調査が行われたうち、2本は国内初となる400m級の大深度ボーリングだった。さらに2期工事では、海底の岩盤に突き当たるまで掘り下げて、大阪湾の基盤までの深さが1300mであることが判明した。

この調査で、厚さ25mもの沖積層のさらにその下には1000mもの洪積層が存在することが、明らかになった。沖積層は水分を多く含んだ軟らかい粘土層で、そのままでは埋め立てをしても激しく沈下することが予想された。人工島を造成する前に、まずは大規模な地盤改良が必要だったのだ。

沖積層を形成する粘土は、粒子間にすき間が多く、重みが加わると圧縮されて沈下する。そこで、粘土層に垂直の砂坑を造り、上から土砂を投入し、その重みで砂坑から水を抜く「サンドドレーン工法」が採用された。

次に取り組んだのが、護岸の造成。長期沈下が予測されているため、埋め立て部の外周は波を防ぐ堅牢な護岸が重要だ。一般的に、護岸壁にはコンクリートが使われるが、関空の場合は、石を積み上げてなだらかな斜面を造る「緩傾斜石積護岸」が採用された。高潮や津波に備えて、追加のかさ上げをしたり、補強工事も計画的に続けられている。

「不同沈下」との長期戦はまだまだ続く

空港の建設が終わり開港した後も、地盤の沈下は止まらない。均一に下がっていくならまだしも、あちこちでアンバランスに沈下が続く「不同沈下」なので、より一層やっかい

ターミナルは906本の柱で支えられている。不同沈下に対応しジャッキアップして板を挟み高さを調節

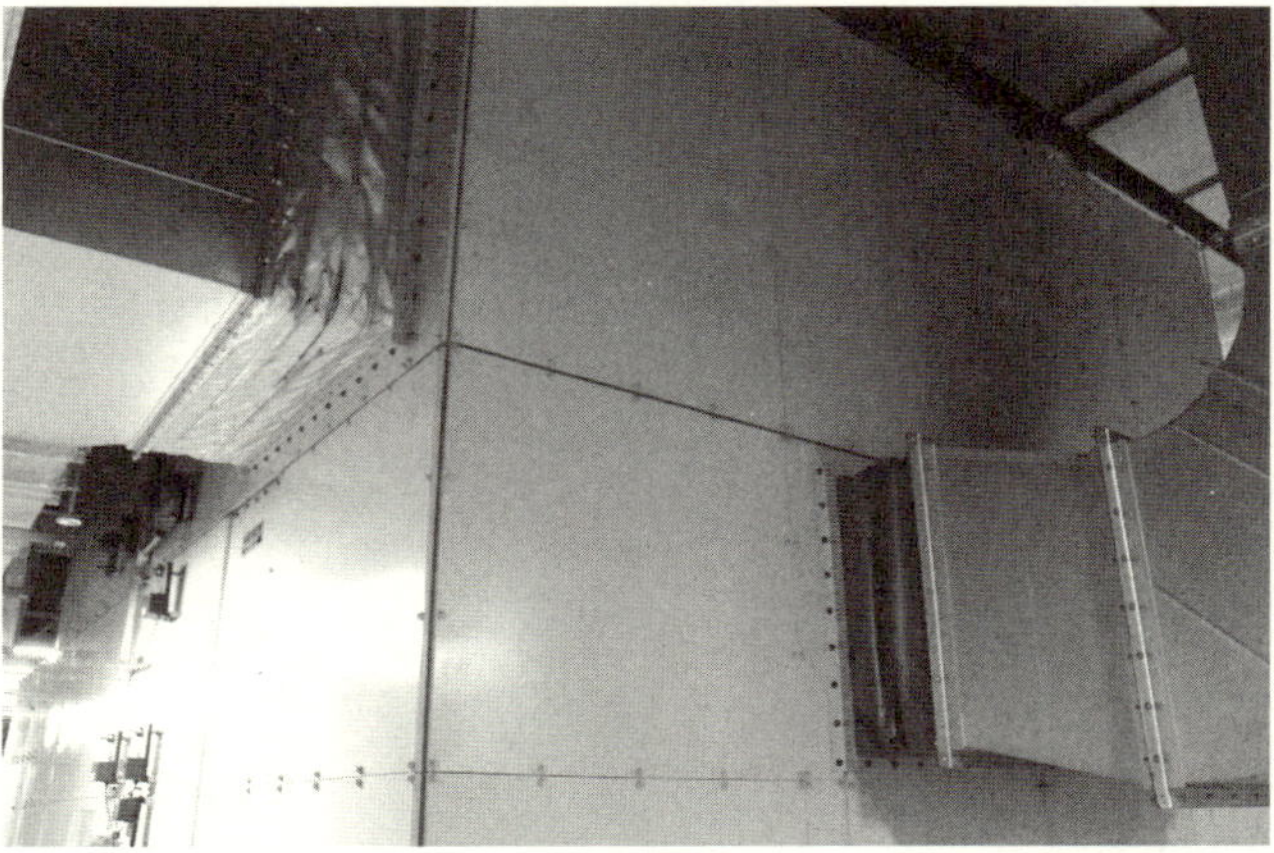

ダクト部分の接続部も、上下にズレても破損したりしないように、蛇腹状の遊び部分を設けてある

といえる。

そこで関空では、独自の不同沈下対策を実施している。埋め立て地に建物を建てる場合は、強固な支持層まで杭を打ち込んで基礎を支えるのが一般的だが、関空のターミナルビルでは、「直接基礎」と呼ばれる工法を採用している。杭を打ったところで、基礎を支えられるわけではないため、平面の基礎を地盤の上にポンと置くかたちの工法だ。

全長1700ｍもある長大なターミナルビルは、150ｍ程度のパーツを連結するような造りになっていて、連結部には蛇腹のような構造のジョイントを使用している。ターミナルビルには全部で906本の柱があり、場所によりアトランダムに起きる不同沈下を微調整するため、それぞれにジャッキアップシステムが組み込まれている。部分的に沈下が起こると、柱に取り付けられている油圧ジャッキで柱を持ち上げ、「フィラープレート」という板を使って、高さの調節を行う。柱を持ち上げたときに、壁面などほかの部分に影響が出ないように、建物全体がフレキシブルな構造になっているのも特徴だ。

開港から約四半世紀。その間、1期島では最大3・43ｍ、2期島では最大4・14ｍも沈下したという。2017（平成29）年度の平均沈下量は1期島が6㎝、2期島は30㎝。沈下速度は徐々に落ちてはきているが、不同沈下との戦いはこれからもはてしなく続く。

ターミナル地下の扉。ジャッキアップに対応するため、壁が二重構造になっているのがわかる

上部のみならず下部側面も同じく二重構造。壁の中からもう1枚の壁が出てくる仕組み

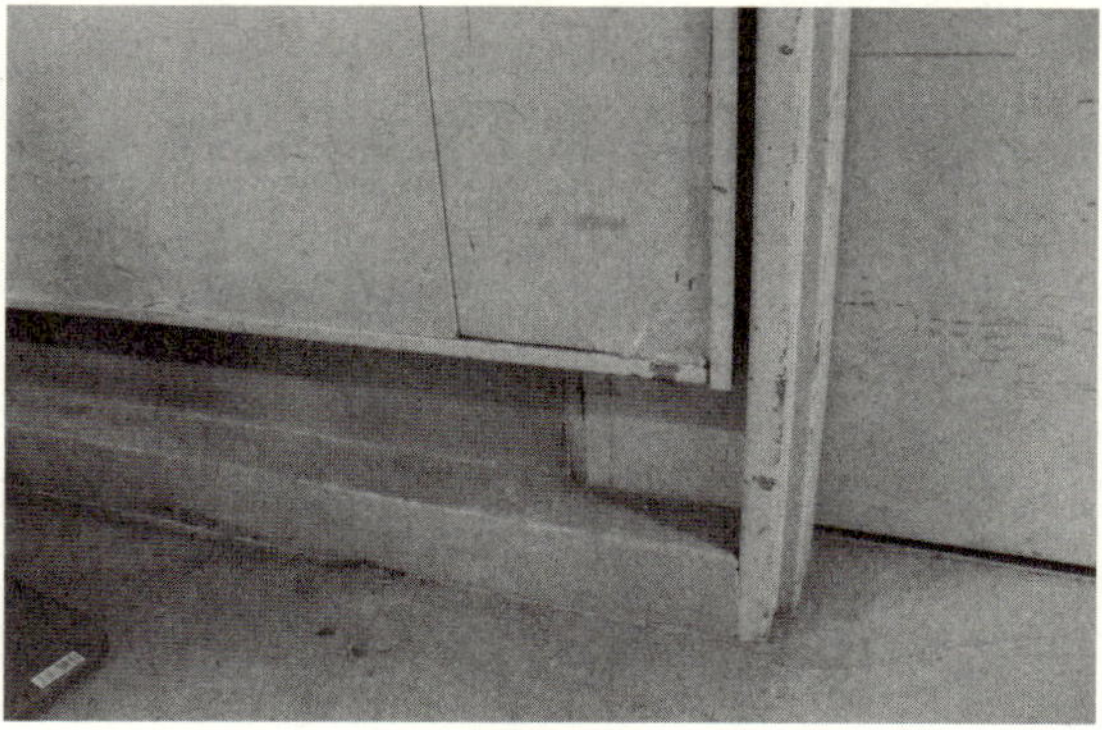

凸を削り取り凹を埋める 起伏に富んだ山中に平面を創出

広島空港
（広島県三原市）

標高約３００ｍあまりの山の中に位置する、中四国最大の空の玄関口・広島空港。県庁所在地であり、中四国エリア最大の１００万都市である広島市から約40㎞、県下で人口第二の都市・福山市からもほぼ同じくらいの距離である。最寄り駅までは８㎞もあり、交通アクセスが良いとはいえない。そのために「日本一不便な空港」という、いささか不名誉な称号で呼ばれることもある。だが、空から眺めてみると、この空港を建設するのにどれほどの苦労があったかが、実感できるロケーションでもある。

切土と超高盛土で凹凸を平地に一変

旧広島空港は広島市内の中心部にあったが、滑走路が１８００ｍしかなく、大型機は乗り入れできなかった。昭和40年代後半から航空需要が高まったため、空港設備の拡張が求められた中、周辺では新たな用地買収が困難だったこと、近隣の騒音問題、セスナ機が墜落事故を起こしたことなどもあり、市街地から離れた山中に移転することになった。

候補地となったのは瀬戸内海沿岸平野と三次《みよし》・庄原《しょうばら》盆地に挟まれた、世羅《せら》台地と呼ばれる山の中。用地買収にはさまざまな困難もあったが、最終的に、東京ドーム160個分にあたる760ヘクタールの広大な土地を確保することができた。

新空港の建設用地となったのは、標高350m前後の山地である。一部、戦後に入植した農民が開墾した水田や牧場などに利用されていたが、ほとんどが森林地帯だった。

空港を建設するには、広大な平地が必要となる。そして、高精度の平坦性と安定性が絶対条件として求められる。平坦地を選んで造られるのが一般的だが、この立地条件では、高いところを削り、低いところを埋めて、平地を造り出すしかなかった。

初めに、凸部を削る切土を行い、次に凹部を埋めて平らにする盛土を行った。予定地はまさに山あり谷ありだったが、中でも予定地の北側から南側へと流れる切子川は、深い浸食谷を形成しており、標高差100mを超える急傾斜。ここに盛土をするのは、国内では例を見ない「超高盛土工法」と呼ばれる大工事となった。

工事は、まず立ち木を伐採して根を取り除き、表土を除去。土砂を掘るにはバックホー

◉滑走路センター部の断面図

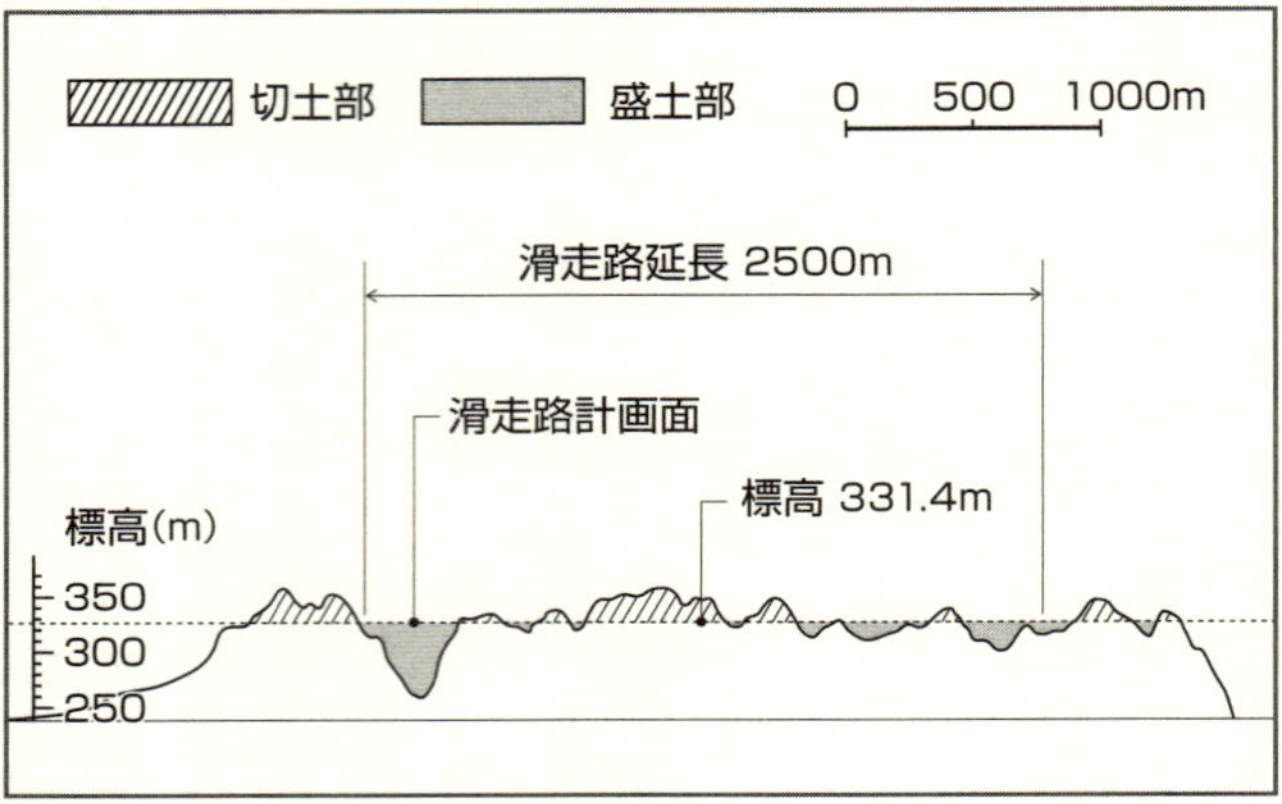

（ショベルカー）、軟岩の掘削はリッパーと呼ばれるツメのついたブルドーザーが使われた。重機で掘削できない硬い岩盤が現れると、ダイナマイトを使った発破作業が行われた。滑走路2500mのための切土のうち、実に48％にあたる927万㎥が発破で処理された。

地盤の堅牢性を確保する独自の盛土設計

凸部を削ったあとは、凹部を埋めていく作業になる。削る工程で発生した掘削土は、花崗岩が風化した「まさ土」。しっかりと締め固めれば、充分な支持地盤になる盛土材だが、雨水が浸透すると強度低下や地盤沈下を起こしやすい性質を持っている。そこで、降雨対策を施すとともに、後々、メンテナンスが最小限で済むような設計で盛土が行われた。

単純に土を入れてゆくのではなく、上載建設物の荷重分布や、斜面の地盤安定性などを細かく考慮。それぞれの場所に合わせて最適な材質の土を鉛直方向に投入する「材質別縦型ゾーニング」によって、盛土全体の安定が図られた。なお、盛土の一番外側には、斜面が崩れるのを防止しつつ、排水性の高い構造にするため、水はけのよい硬岩が用いられる。

滑走路や誘導路など飛行機が通る部分には、荷重に耐えてかつ変形や沈下量が少ない、地盤の安定性が求められる。比較的軟らかい軟岩と土砂を混ぜ、しっかりと締め固めの作業が行われた。それ以外の部分については、工事用車両や建設機械が通っても問題のない強度を持たせる設計だ。

各ゾーンの盛土材は、粒の大きさに差があるため、細かい土が粗い土の層に流出してすき間ができる。これを防止するために、土砂流出防止シートと砕石を組み合わせた「トランジションゾーン（境界層）」を配置。この層は水はけがよく、排水機能も担っている。

超高盛土を行った結果、長大な急斜面になってしまったところもある。最大の斜面は落差125m、斜面長は340mの大斜面。従来だと、このような斜面にはブロックを配置したり、植物を生やして保護するのが常識だったが、集中豪雨などで崩壊が起きないように、「リップラップ工」と呼ばれる工法で斜面を保護。重機を使い、比較的大きな岩を斜面表面に均等に配置し、そのすき間に手作業で小さな石を埋めてゆくというもので、排水性が高く降雨にも強い。斜面強度も高く、メンテナンスフリーであるのが強みだ。空港用地周囲の斜面のうち、実に東京ドーム3個分に相当する13・6万㎡で、この工法が使われている。

濃霧でも着陸を可能とするCAT－Ⅲb

広島空港周辺は濃霧しやすく、視界不良による欠航や引き返すことが多かったため、ILS（計器着陸装置）のカテゴリーを、視界100mでも着陸可能なCAT－Ⅲbに整備している。その際、滑走路端から電波高度計用地（航空機からの照査電波を適切に反射させ、滑走路面に対する高度を認識させる施設）を整備する必要があり、長さが不足する60m×182・5mは巨大なトラス構造の人工地盤でカバーしている。また、航空灯火は15m間隔となるように増設。深い山の中の空港ならではの特徴だ。

写真上部が方角は西。滑走路の先端部分にトラス橋が谷へと一直線に伸びているのがわかる（写真：中国地方整備局広島港湾・空港整備事務所）

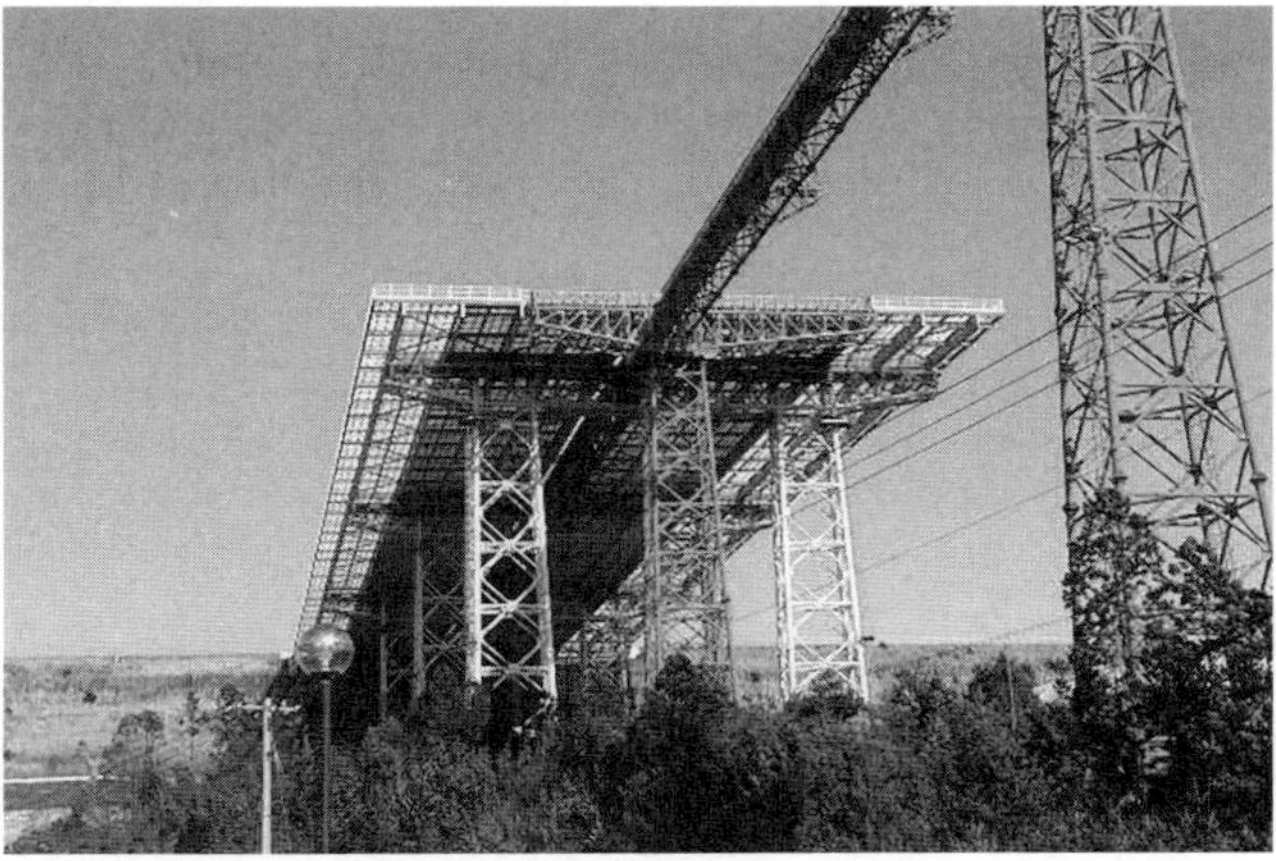

電波高度計用地として設置された巨大トラス橋。下から見ると、その大きな落差は一目瞭然（写真：中国地方整備局広島港湾・空港整備事務所）

滑走路は平坦ではなかった！勾配に隠された深い意味とは

　飛行機に搭乗しているとき、窓やモニターから滑走路を見ると、坂道になっていると感じたことはないだろうか。滑走路は平坦なもの、と思われがちだが、実はそうではない。多くの滑走路は上り坂になっていたり、下り坂になっていたりと、わずかに勾配がついているのだ。

　ではなぜ、勾配があるのだろう。坂道のほうが離着陸しやすいからだろうか。実際、海外の山岳部にあるような空港では、斜面を利用した滑走路が、離着陸時の加速・減速に役立っているという。

　しかし、日本国内の滑走路は航空法施行規則第79条により、縦方向の勾配に関しては「航空機の運航面からは、できる限り水平で、かつ、勾配の変化も最小限にとどめることが望ましい」とされている。つまり、国内の空港の滑走路はなるべく水平に造りなさい、と定められているのだ。

高低差がビル6階分もある空港も

水平に造ることを求められている滑走路だが、実際には、まったくの水平という空港はほとんどない。例えば、高松空港は滑走路の中央部分が高くなっているし、石垣空港は中央より少し北側の部分が低い。旭川空港は最も傾斜がきついといわれ、勾配は0・75％、角度は約0・43度で、2500mの滑走路の北端と南端で約18・75mも高低差がある。ビルにすると、およそ6階相当だ。

また、宍道《しんじ》湖の畔に建設された出雲空港は、1991（平成3）年に滑走路が1500mから2000mに延長された。その際に、宍道湖を埋め立てて湖に突き出すように造られたため、完成後も沈下が続くことを考慮して、滑走路は宍道湖側に上り勾配になっている。現在も年間1～2cmほど沈下しており、2005（平成17）年には、かさ上げ補修工事も行われたが、当初に比べ勾配は緩くなっているという。

このように、特別の理由がある場合は、規格の範囲内で勾配をつけることが認められている。国内の定期便がある空港の滑走路は、長さが1500～4000m。1500m以上の滑走路は、最大勾配が、滑走路の両端から全体の4分の1までは0・8％、それよりも中央の部分は1・0％と定められている。

つまり、旭川空港の勾配0・75％は規格範囲内ぎりぎりなのだ。旭川空港は北に向かって下り坂になっているので、滑走路の南端から離陸する際は加速しやすく、また南に向かって着陸する際は上り勾配で減速しやすくなるという。

以上のように、勾配があるのは悪いことばかりではないのだが、通常の進入角度ではうまく接地できないため、各空港の滑走路に合わせて離着陸することがパイロットに求められる。また、飛行機の離着陸は向かい風で行うため、風向きにより滑走路の使用する方向が変わり、いつも勾配が有利に働くとも限らない。だからこそ、水平に造ることが定められているのだ。

それならば、すべての空港の滑走路を、建設工事の時点できちんと水平に造ればよかったのでは？

そんな素朴な疑問を持つ人も多いだろう。しかし、島が多く山がちな地形の日本では空港を造る際、それらを切り拓いて建設せざるを得ない場合も多い。工事も非常に大掛かりになり、滑走路をまったくの水平にすることは難しい。そのため、地形によっては勾配が残ってしまっているのだ。

実は横方向にも勾配がある！

滑走路は縦方向だけでなく、中央のラインを頂点として、左右に向かって横方向にもわずかに傾斜している。これは「センタークラウン」と呼ばれる、滑走路の水はけを良くするためのものだ。前述の航空法施行規則第79条において、中央のライン両側の勾配は等しく、縦方向に対してもできる限り一定の傾斜とするように定められている。横断勾配は、排水性や将来のかさ上げ、施工誤差への対応などを考慮して、1〜1・5％の範囲内と決められている。こうした勾配を設けることによって、滑走路に水たまりができないようにしているのだ。

また、滑走路の表面をよく見てみると、細かな横溝がたくさん刻まれている。「グルービング」と呼ばれるこの溝は、タイヤとアスファルトの間に水が入り込んでブレーキが利きにくくなるハイドロプレーニング現象が起こらないように、路面の排水を助ける役目がある。雨天の際の着陸では、摩擦により滑走距離が通常よりも長くなってしまうし、さらにハイドロプレーニング現象のような危険性もある。そこで、横方向の勾配とグルービングによって滑走路上の排水を行い、安全な離着陸を可能としているのだ。

預けた手荷物が搭乗機に載るまで 安全確実を追究した最新システム

空港で搭乗手続きをする際、大きな荷物はチェックインカウンターで預けることになる。預けた荷物には、目的地の空港名をアルファベット3文字で示したコードとバーコードが記載されたタグが取っ手などに取り付けられ、預けた利用者には荷物の引き換え券が渡される。こうした荷物を無事目的地まで運ぶため、成田国際空港や中部国際空港などの大空港では「バゲージ・ハンドリング・システム（ＢＨＳ）」が導入されている。

とことん自動化されたＢＨＳとは

成田国際空港のＢＨＳを例に、手荷物がどのような流れで飛行機に乗せられるかを見てみよう。

預けられた手荷物はＢＨＳに投入され、まずは「チェックインライン」というベルトコ

分速120mで運ばれる手荷物に対して8方向からレーザー照射することで、バーコードを確実に読み取ることが可能

ンベアに乗せられる。これは各チェックインカウンターから伸びており、やがて「メインソータ」というコンベアに乗せ換えられる。タグのバーコードが読み取られた後、1階の荷捌き場へ荷物は運ばれ、「インラインスクリーニングシステム」にかけられる。

インラインスクリーニングシステムとは、荷物を預けた後、飛行機に搭載されるまでの間に、自動的に火気や危険物などの検査を行うシステム。以前は、カウンターで手荷物を預ける前に、大きな機械を通すX線検査を旅行者本人が立ち会って行わなければならなかった。しかし、2008（平成20）年よりこのシステムが導入されたことで、手荷物を預ける際の所要時間がかなり短縮された。

荷捌き場には爆発物検査装置（ＥＤＳ）が組み込まれていて、メインソータに乗った荷物は長いものや取り扱いに注意が必要なものを除いて、基本的にすべてＥＤＳを通過する。ＥＤＳ検査を終えた荷物は再びメインソータに戻り、８方向から荷物につけられたバーコードが読み取られる。そのバーコード情報によって、荷物は各フライトに割り当てられた「メイクアップライン」と呼ばれるターンテーブルに仕分けられるのだ。

最後の積み込みはやっぱり人の手で

ＢＨＳにより、時間は大幅に短縮し、人為的な仕分けミスもなくなった。しかし、メイクアップラインに集まった手荷物を最終的にコンテナに積み込むのは、やはり人による作業。コンテナの中で荷崩れを起こしたり、荷物を傷つけたりすることのないように、効率よく積み込まなければならないからだ。また、便によってどのような種類の荷物が多いか、これから届く残りの荷物の大きさや個数はどのぐらいか、経験に基づく予測も必要となる。こうした予測はコンピュータでは難しいため、人力で行われている。

コンテナに積み込まれた荷物は再度バーコードが読み込まれ、便名や目的地に誤りがな

メイクアップラインで迅速かつ的確に振り分けられた手荷物。ここから先は人の手でコンテナに積み込まれる

いか、最終チェックが行われる。また、荷物の積み残しがないかも確認される。こうして、コンテナに乗せられた荷物は、ようやく飛行機へと積み込まれる。

近年は、手荷物をカウンターで預ける作業も、自動化が進められている。2015（平成27）年には、羽田空港第2ターミナルにANA自動手荷物預け機が登場。2017（平成29）年3月には、成田国際空港第1旅客ターミナルにも導入された。旅行者が自ら機械に荷物を入れ、バーコードの付いたタグを荷物に取り付けて預けるのだ。手荷物に関しては今後もますます自動化が進み、時間の短縮も図られ、飛行機の旅がもっと手軽になりそうだ。

爆発的に拡大する需要に追われて拡張・拡大する日本の二大空港

海外から日本を訪れる観光客は、増加の一途をたどっている。２０１７（平成29）年には２８６０万人を超え、２０１８（平成30）年度は8月までにすでに２１００万人を突破している。

国際航空運送協会（ＩＡＴＡ）のガイドラインによる空港の混雑度合いは、国内では、成田・羽田・福岡の3空港が、世界レベルで最も混雑が激しい「レベル３」に分類されている。特に、首都圏にある羽田、成田の両空港は、キャパシティがすでに限界まできているにも関わらず、まだまだ需要の拡大は止まらない。２０２０年の東京オリンピック・パラリンピック開催まであとわずかとなり、羽田・成田空港の機能強化は喫緊の課題となっている。

国は、２０２０年までに訪日外国人旅行者を４０００万人に、２０３０年までに６０００万人に増やす目標を掲げており、さらなる利用拡大が見込まれている。

◉成田空港の新滑走路計画

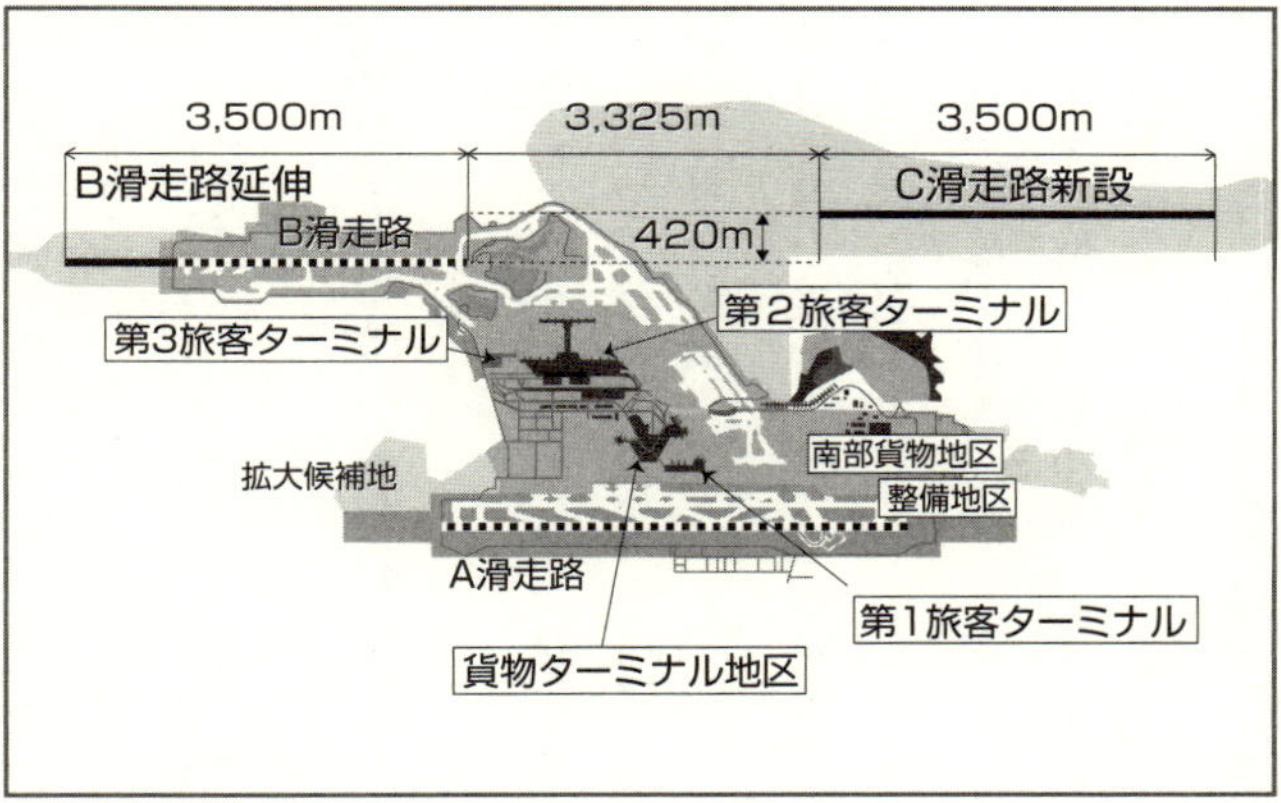

都心で低空飛行の飛行機が見られるようになる？

羽田空港では、2020年までに国際線発着枠を大きく増やすべく、さまざまな検討が行われている。C滑走路の沖合に5本目となるE滑走路を新たに建設するという案もあったが、時間的に間に合わない。そこで、苦肉の策で浮上したのが、首都圏上空を通る飛行ルートの解禁。これまで、騒音問題などから飛行できなかったルートを時間帯を限定して飛べるように、該当地域との調整が進められている。

この案が実現すると、品川区大井町付近では東京タワーより低い高度を飛行することになり、都心の繁華街で大迫力の超低空飛行が見られることになるかもしれない。

また、第2ターミナルの南側部分を増設し、国際線に対応するようリニューアルが行われる。これに伴い、税関や出入国管理、検疫などの関連施設なども新設される。

成田空港では滑走路を延伸・増設

1978（昭和53）年に滑走路1本で開港した成田空港では、2002（平成14）年から暫定的に2本目となるB滑走路の運用が開始され、効率よく運用するために「同時並行離着陸方式」を導入。さらに、拡大の一途をたどる需要に対応するため、駐機場を増設したり、誘導路を整備するなどの対応が続けられてきた。

開港35周年を迎えた2013（平成25）年には、年間発着回数が27万回まで拡大した。同年3月末には、路線の参入・撤退、便数などを航空会社が原則自由に設定できる「オープンスカイ（航空の自由化）」が適用され便数も増加する中、さらに発着枠を増やすためには、やはり滑走路の新設と延伸が必要なのである。

現在使われているA滑走路は4000m、B滑走路は2500m。B滑走路を1000

◉都心直結線構想

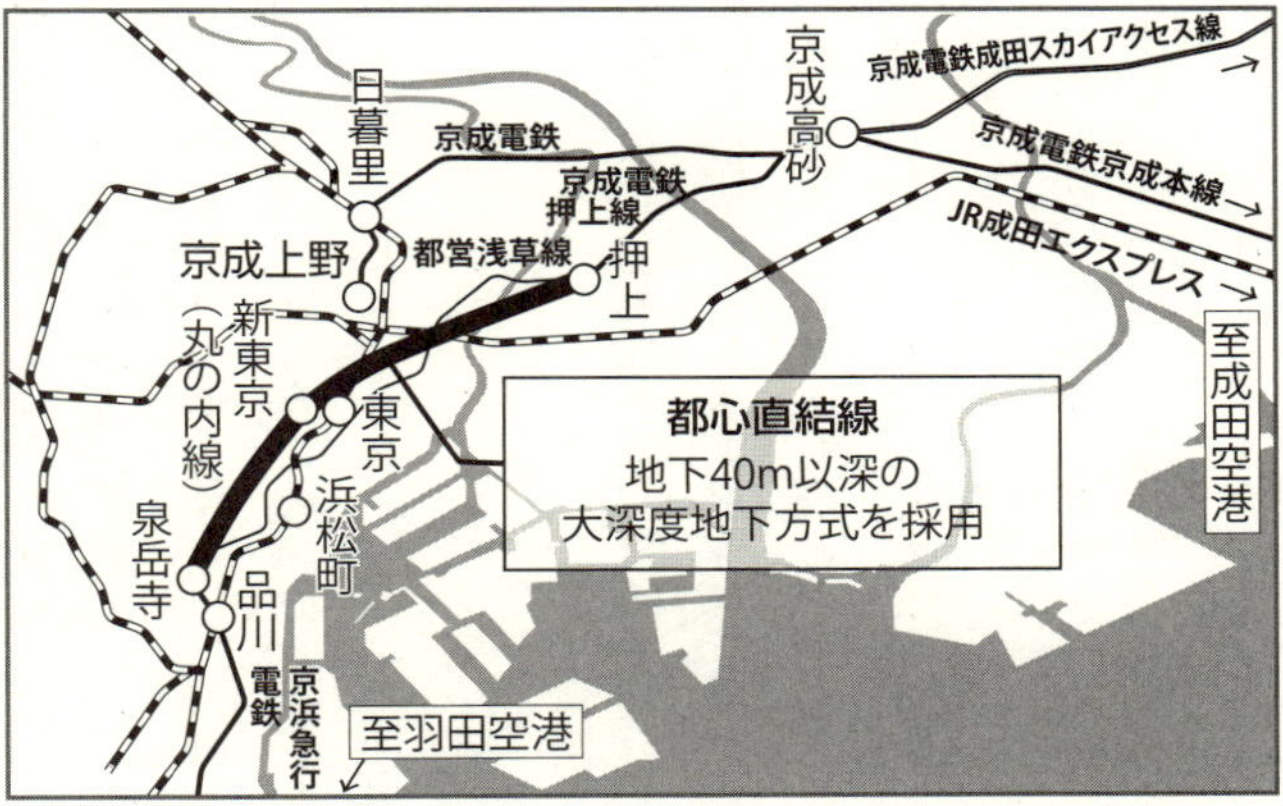

m延伸し、大型機の発着ができるようにすると同時に、既存の２本と並行する形でＣ滑走路を建設し、年間約30万回の発着数を50万回まで増やす計画だ。

新滑走路建設による機能強化などにより、国際的にもハブ空港としての存在感が高まることが期待されている。国内便も、ＬＣＣの拠点化が進むことによって、利用はさらに拡大しそうだ。

羽田と成田の二大空港をわずか50分で直結!?

首都圏にある羽田・成田空港だが、アクセスの利便性をさらに高めようとする計画がある。「押上駅〜新東京駅〜泉岳寺《せんがくじ》駅」を結ぶ鉄道路線を新設しようというものだ。

成田・羽田と都心部をダイレクトに結び、押上駅で京成押上線と、泉岳寺駅で京急本線と、それぞれ相互直通運転を行う計画で、東京~成田間を30分台、東京~羽田間を20分台、成田~羽田間は50分台での移動を目指している。京成本線、北総線、京急本線沿線もネットワーク化される。さらに、リニア中央新幹線の始発駅となる品川駅とも1本でつながるため、両空港の利便性は格段に高まり、空港の国際競争力強化にも資すると期待されている。

だが、都心部の地下は非常に混雑してきており、新たに鉄道線を設置するためには、さらに深い位置にトンネルを掘って通すしかない。これには、施工上の問題点や、事業としての採算面なども考慮しなければならない。実現までに、クリアしなければならない課題は山積みだが、さらに激増が見込まれている空港利用者の輸送体制を確保することは重要な問題だ。

今後、事業主体や事業スキームなどについて、地方公共団体や、鉄道事業者も含めての検討が進められていく見込み。総事業費は４４００億円にも上ると試算されており、今後の動向が注目される。

オリジナルのピクトグラムも登場！「誰でも一目瞭然」な羽田の案内サイン

近年は外国からの旅行者も増え、国内空港の利用者が増加している。特に羽田空港は、２０１７（平成29）年度には、年間約８５００万人もの人が利用した大ターミナルだ。そのうち、国際線の利用者は約１７００万人。利用客の中には、初めて羽田空港を利用する人、また、日本語がまったくわからない人などもいる。

そんなときに役に立つのが、絵や記号で施設などの場所を示す案内サインだ。１９６４（昭和39）年の東京オリンピックの際に登場し、それからさまざまな進化を遂げた。

あえて種類を減らすことでわかりやすく

羽田空港では２０１０（平成22）年以降、特に国内線第1ターミナルにおいて、案内サインの改修が行われていた。第１・第２ターミナルでサインに統一性がなく煩雑だったためだ。また、ロビーや通路は案内板やサインの数が多く、利用者に丁寧に案内するための案内サインが、かえってわかりづらいものになってしまっていた。

例えば搭乗口の近く。ある箇所から周囲を見渡すと、「8番搭乗口」を示すサインが5つも見える、というようなことがあった。もちろん、搭乗口を見つけるためだけなら近い場所にそんなにたくさんのサインはいらないわけで、むしろ余計な混乱を招きかねない。

そのため、リニューアルの際に、案内板や案内サインを以前よりも20％削減。出発ロビーや到着ロビーからほかの交通機関に乗り換えるまでの間では、以前ならロビーに出た瞬間から各交通機関の案内板を出していたのだが、リニューアル後は乗り換えのフロアに着くまでは黄色い表示で「到着」と進行方向を示しているだけになった。乗り換えのフロアでようやく、リムジンバスやモノレール乗り場などの表示が出てくるといった具合だ。

羽田空港だけのオリジナルサインにも注目

色の点でも大きな変化があった。それまでは白地と黒地の2種類の案内板があったのだが、リニューアルで黒い板の案内板に統一された。さらに、先にも挙げたように「到着」

ピクトグラム

【税関／手荷物検査】

【出発】

【乗り継ぎ】

【手荷物受取所】

【到着】

【出国手続・入国手続
免疫・書類審査】

出典：JIS Z8210

モーションピクト（羽田空港オリジナル）

【出発】

【到着】

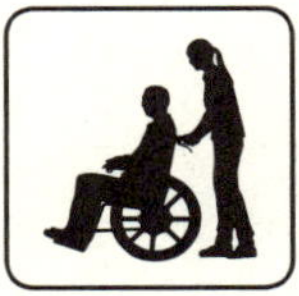

【多目的トイレ】

【授乳室】

【手荷物受取所】

【エレベーター】

に関するサインはすべて、ピクトグラムや文字が黄色となった。出発に関するサインは緑色など、目的に合わせて色ごとに案内を確認すればよいので、非常にわかりやすくなったと評判だ。また、黒地に黄色や白抜きの文字にしたことで、視覚障害者にとっても視認しやすくなったという。

羽田空港ではＪＩＳ規格のピクトグラムのほかに、「モーションピクト」と呼ばれるオリジナルのピクトグラムが採用されている。チケットを持ったビジネスマンや、ベビーカーを押す母親など、リアルなシルエットで動きを表したものだ。元々のピクトグラムと併用することで、デザイン性も高く、またわかりやすくなっているのが特徴となっている。

こうしてどんどんと進化し、ユニバーサルデザイン化を目指す空港の案内サイン。サインの多言語表記ももちろん進んでおり、より多くの人が利用しやすくなっている。また、２０１７（平成29）年8月8日～２０１８（平成30）年3月31日には、新たにスマートフォンやロボットを利用し、データや音声などで情報を得られる「情報ユニバーサルデザイン高度化」の公開実証実験が行われた。この実験の成果は、２０２０年の東京オリンピック・パラリンピックの頃には、きっと現実のものとなり、我々の前に現れているだろう。

番外編

滑走路上の特殊車両たち

4mの高さでコンテナを水平移動

ハイリフトローダー

飛行機の貨物室に接続し、荷物を積んだり、荷物を運び出す際に活躍する。荷台が高く持ち上がる特殊な構造で、荷台は上下だけでなくローラーにより前後にも動くことが可能だ。最高で地上からの高さ3.7mまで、リフトアップすることが可能だ。飛行機の貨物室にもローラーが付いていて、駆動装置でコンテナごと前後に動かし、ハイリフトローダーの荷台に載せるのだ。ハイリフトローダーの全長は約12m、全幅は約3.2m、総重量はなんと約12.5ｔもある。

連結したコンテナをまとめて牽引

TT車（トーイングトラクター）

別名タグカーとも呼ばれる。小回りがきく小型車両で、荷物が入ったコンテナを載せた「ドーリー」という車両を１～６両程度後ろに連結し、牽引する。TT車で飛行機のそばまで運ばれたコンテナは、ハイリフトローダーに移されて、機内に収納されることになるのだ。運転は駐機中に行う様々な作業を担当する、グランドハンドリングスタッフの役目。グランドハンドリングスタッフは、普通自動車免許のほかに、社内資格を取得し、初めてＴＴ車を運転できる。

飛行機を押し出す小柄な力持ち

トーイングカー

出発準備が整った飛行機を「プッシュバック（後方へ押し出すこと）」し、送り出すのがトーイングカー。飛行機と比較するとずいぶん小さな車体だが、340馬力もある。300t級の飛行機を牽引したり、押したりして移動させるのだ。飛行機と車をつなぐ棒状の「トーバー」をノーズギア（前輪）に固定するトーイングカーと、トーバーを用いずノーズギアを持ち上げて飛行機を移動させる「トーバーレス・トーイングカー」があり、飛行機によって使い分けられる。

（写真：Jeroen / stock.adobe.com）

大量の機内食を短時間で搬入する
フードローダー

旅客機内のキッチンであるギャレー近くのドアに接続され、機内で旅客にサービスする食事やドリンクを搬入するのに使われるのがフードローダーだ。フードローダーの荷台には、トレーにセットされた機内食を載せたカートが積んである。機内に運び入れる際には、飛行機のドアと同じ高さになるまで荷台を持ち上げ、カートごと機内食を運び込むのだ。フードローダーは機内食のケータリング会社で機内食を積載してから、空港に向かう。

(写真：manushot / stock.adobe.com)

品質保持しつつ大量の燃料を注入

サービサー

所定の位置に停止した飛行機の主翼の下で、燃料の給油を行うのがサービサーだ。いわゆる、移動式のガソリンスタンドである。サービサーは給油だけでなく、燃料のろ過装置の役目も担っている。飛行中に燃料が凍結する原因となる水分などが混じっていないかどうか、品質確認をしながら給油しているのだ。ボーイング777であれば、燃料タンクの容量は約17万ℓ。サービサーは飛行機が出発準備を整えるまでの間に、主翼内のタンクに燃料を注入する。

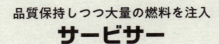

《主要参考文献》

『季刊ストックヤード　AUTUMN 1999 Vol・1』（サンワコーポレーション）
岩見宣治・渡邉正巳『空港のはなし（改訂版）』（成山堂書店）PHP研究所 編
『空港大図鑑』（PHP研究所）
『The航空機』（三推社／講談社）
チャーリィ古庄『ホントにある‼　世界のビックリ空港探訪記』
『航空管制官になる本 2013-2014』
『全国空港ウォッチングガイド』
『日本のエアポート01 羽田空港』
『日本のエアポート02 成田空港』
『日本のエアポート03 関西3空港』
『日本のエアポート04 東海3空港』
『日本のエアポート05 九州の空港』
『日本のエアポート06 北海道の空港』
『THE空港メカニック 2012-2013』
『月刊エアライン 2013年12月号』
『月刊エアライン 2014年7月号』
『月刊エアライン 2014年10月号』
『空港をゆく』

『空港をゆく2』
『東京国際空港』
（以上、イカロス出版）
『東京国際空港国際線旅客ターミナル』（新建築社）
秋本俊二『なるほど！　なっとく　空港の大疑問』（河出書房新社）

《参考ｗｅｂサイト》

「空港土木施設の設置基準解説」（国土交通省航空局）
「運輸政策研究　２００９年ＮＯ・４」（運輸政策研究機構）
「国土交通省ホームページ」
「ゆるキャラグランプリオフィシャルウェブサイト」
「朝日新聞デジタル」（２０１２年10月７日）
「日本経済新聞」（２０１５年12月19日、２０１８年10月15日）
「沖縄タイムス」（２０１７年８月21日）
「ＡｖｉａｔｉｏｎＷｉｒｅ」（２０１７年７月３日、２０１８年10月16日）
「山形新聞」（２０１８年５月18日、24日）
「産経新聞」（２０１８年３月30日）
「日経×ＴＥＣＨ」（２０１４年４月８日）
「空港探索」（https://airport1111.blog.so-net.ne.jp）

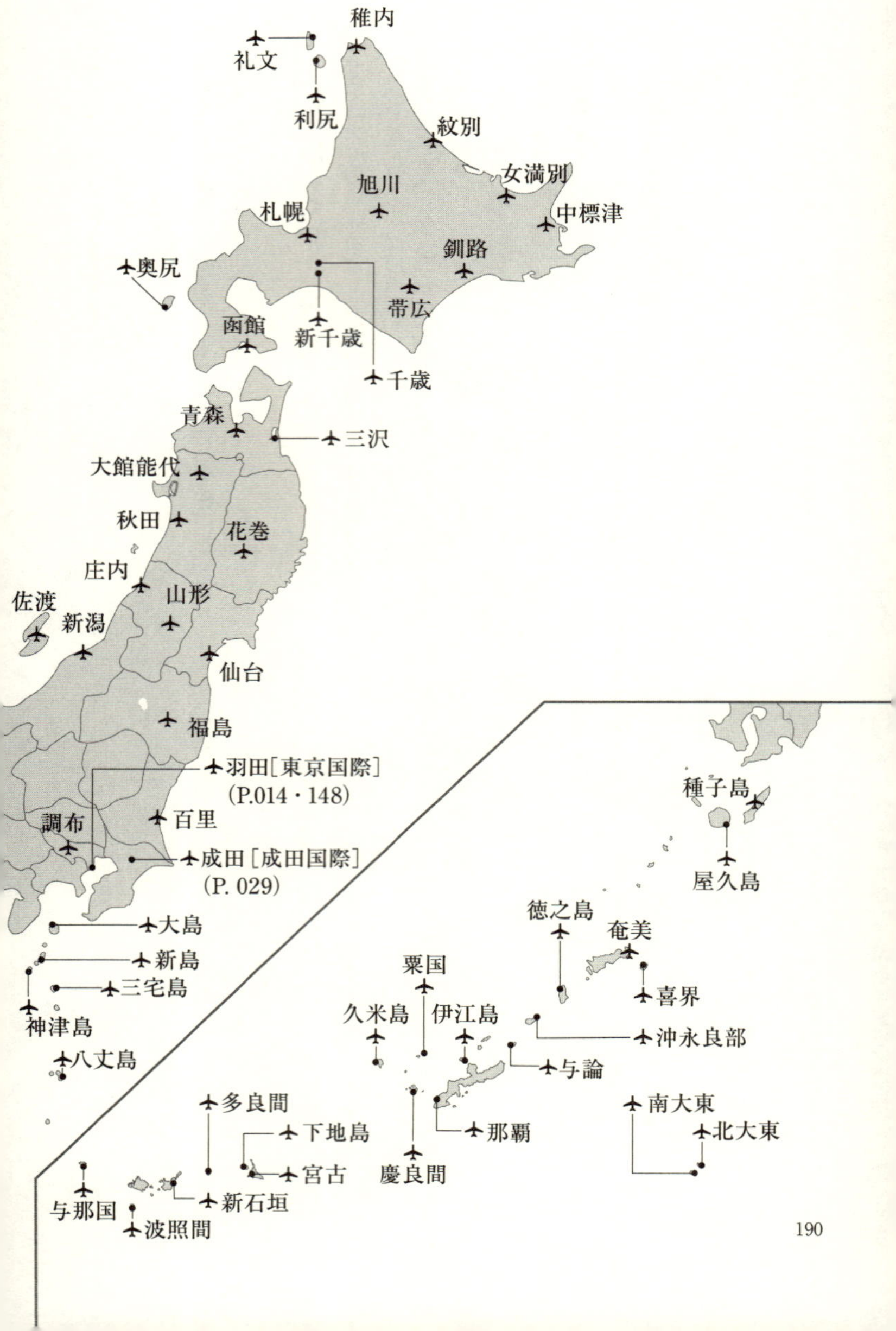
稚内
礼文
利尻
紋別
女満別
旭川
札幌
中標津
釧路
奥尻
帯広
函館
新千歳
千歳
青森
三沢
大館能代
秋田
花巻
庄内
山形
佐渡
新潟
仙台
福島
羽田［東京国際］
（P.014・148）
百里
調布
成田［成田国際］
（P. 029）
大島
新島
三宅島
神津島
八丈島
種子島
屋久島
徳之島
奄美
粟国
喜界
久米島
伊江島
沖永良部
与論
多良間
南大東
下地島
那覇
北大東
宮古
慶良間
与那国
新石垣
波照間

《 全国空港マップ 》

※ 2018（平成 30）年 4 月 1 日現在の情報です
※非公共用飛行場は除いています
※公共用ヘリポートは除いています

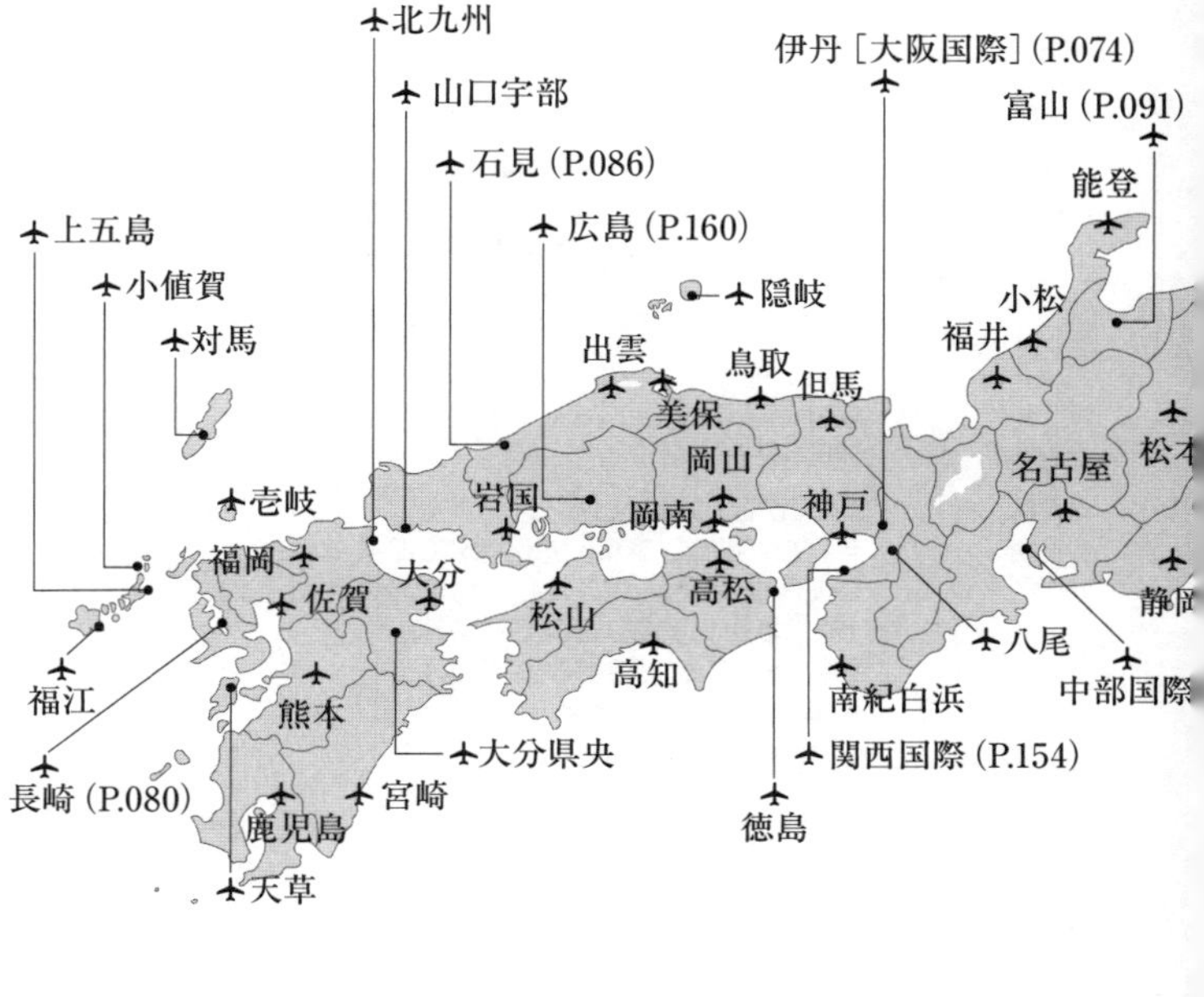

編　者

風来堂（ふうらいどう）

編集プロダクション。国内外の旅行をはじめ、歴史、サブカルチャーなど、幅広いジャンル&テーマの本やweb記事を制作している。バスや鉄道、航空機など、交通関連のライター・編集者とのつながりも深い。主な制作本に『空港をゆく1・2』『サイハテ交通をゆく』『秘境路線バスをゆく1 ～ 5』（以上、イカロス出版）、『航路・旅客船の不思議と謎』『全国高速バスの不思議と謎』『全国ローカル路線バス』『都バスの不思議と謎』（以上、実業之日本社）など。webメディアでは、「乗りもののニュース」「どこいく？×トリップアドバイザー」などに寄稿している。

http://furaido.net/

※本書は書き下ろしオリジナルです

じっぴコンパクト新書　362

JIPPI Compact

空港《くうこう》 & 飛行場《ひこうじょう》の不思議《ふしぎ》と謎《なぞ》

2019年1月15日　初版第1刷発行

編　者……………………風来堂
発行者……………………岩野裕一
発行所……………………株式会社実業之日本社
〒107-0062 東京都港区南青山5-4-30
CoSTUME NATIONAL Aoyama Complex 2F
【編　集】TEL.03-6809-0452
【販　売】TEL.03-6809-0495
http://www.j-n.co.jp/

印刷・製本…………大日本印刷株式会社

ISBN978-4-408-33843-9（第一趣味）